1日1分！英字新聞
2023年版
話題のニュースで楽しく学ぶ

石田 健

JN075625

祥伝社黄金文庫

まえがき

　こんにちは。石田健です。

　本書は20年以上継続して発行されているメールマガジン、「毎日1分！英字新聞」から選りすぐりの記事をピックアップしてまとめたものです。

　文庫版は今年1月に、数年ぶりに新刊を出しましたが、予想以上に高い評価をいただいています。都心のオフィス街や学生街の大手書店では出版から半年以上経過しているにもかかわらず、文庫版総合ランキングの上位にランキングされ続けてきました。

　また教育現場からも使用許可を求められるケースが増えており、実に多くの層から支持をいただいているのだなと実感します。

　これは、見開き2ページで1記事と解説が完結し、どこからでも読めるという読みやすさ、政治、経済、芸能、スポーツ、文化といった多彩な記事のバリエーション、そして、外部の音声アプリと出版社のサイトで、ネイティブスピーカーの音声を聴くことができるという点も評価のポイントになっているようです。

　また、新型コロナウイルスの脅威が緩和されたこと、さらには円安による海外からの旅行客の急増で、3年間ほぼ鎖国状態だった日本が再び広く世界に開かれ、人流が加速していることも、英語熱の高まりを裏付けているような気がします。

今回も北京冬季五輪、ウクライナ情勢、「トップガン　マーヴェリック」、エリザベス女王などなど、フレッシュな話題が満載です。

皆さんの記憶に残っているニュースで英語学習ができ、とても効果的です。

前作にも書きましたが、本書の有効な活用法を改めてお伝えしましょう。

1　適当なページをめくり、英文を熟読して意味を推測する。
2　訳文を見て、自分の推測とあっているかどうか確認する。
3　わからない単語を確認し、頭の中で単語を記憶する。
4　英文を何度も音読する。
5　ネイティブの発音を繰り返し聴く。

前作『1日1分！英字新聞 2022 年版』同様、本書は、英語学習アプリ Abceed および、スマホ用アプリで無料で聴くことができます（巻末で詳しく解説します）。

見開き2ページを読むのに、最初は5分以上かかるかもしれません。それでいいのです。じっくり理解するのに10分かかるかもしれません。大丈夫です。少しずつでいいので、最後まで読み進めてください。すべての記事を読み終わったときには、1分間で読めるようになっているはずです。

英語力というのは、文字通り、「力」です。人生という荒波を

戦い、くぐり抜けるためのツールだと思います。

　このツールを身につけるかつけないか、これにより人生の選択肢の幅が大きく変わってきます。

　ぜひ本書をいつもかばんの中にそっと忍ばせておいてください。

　電車を待つ時、友人との待ち合わせの時、あるいは仕事や授業の休憩時間に、さっと取り出し、パラパラとめくって目に飛び込んでくる記事に１分間集中してください。

　この積み重ねにより１年後、あなたの英語力は飛躍的に向上します。

　では、準備は良いでしょうか？
　イングリッシュ・ワールドへ出発しましょう！

2022 年 11 月
石田　健

読者の声、ご紹介します!

　本書の原型であるメールマガジン「毎日1分!英字新聞」、そして前作『1日1分!英字新聞 2022 年版』の読者の皆さんの声をご紹介します。参考にしていただければ幸いです。

（編集部）

●戦争についての記事もあれば映画の話も出てくる。いろんな記事が日替わりで、しかも短い。だから飽きません。こんなに継続できてる英語教材は初めてです。

●短時間で英語の勉強ができるので、とても助かっています。先日受験した TOEIC でパート7が解けたのは、このメールマガジンで語彙力が増えたからです。ありがとうございます。

●時には日本で報道されないようなニュースをこのメルマガで知ることがあります。石田さんの選択するニュースは、日本で目にしないものが多くとても興味深いです。また、辞書を引かずともわかる単語解説、文法解説なども大変わかりやすくて助かります。

●本書は、最新の時事英語、新型コロナ関連やビットコイン、ヴィーガンにジェンダーなど、とてもバラエティーにとんだ生きた英文が並んでおります。対象は、英字新聞、ネットの情報ソースを読みたい社会人はもちろん、大学受験生にも幅広く使える。

●とにかく読みやすい。混雑した通勤電車でも読める大きさ!

文量と内容の濃さが素晴らしく、TOEIC テストの準備で活用しています。

●新聞では新聞なりの表現（特に短縮形）したものがあると知り、非常に勉強になりました。また、著作についている QR コードを利用して専用アプリをダウンロードすると、著作内の英文のリスニングができるので、とても役に立ちました。

●各トピックが「短文」というところがポイント。一見物足りない気がするかもしれないが、タイトルの通り 1 分程度で読めるので、負担にならない。どのページから何ページ読んでもよく、気の向くままに学べる。お勧めの一冊。

●最近、石田さんのメールマガジンを購読し始めたので、過去のものが読みたいと思い購入しました。ポケットにひょいと入れられるので、通勤中に学習できます。

●毎日 1 分！英字新聞はメールマガジンで購読中なので復習になった。最新のトピックが教材になっているので、リアルタイムに世界がわかるというメリットも大きい。

●1 ページあたりの内容が少なく、集中力のない私でも何とか熟読できる範囲である。しかもツボをきっちりと押さえられているためか、身についた印象がとても強い読後感である。

Contents

【編集部注】記事中における外国通貨の日本円は、
記事当日の為替レートを元に計算しております。肩書や数値なども記事掲載時のものです。

編集協力 ギャンツ倖起恵　ブックデザイン 100mm design

この本の使い方

英文
メールマガジン「毎日1分！英字新聞」2021年12月から2022年11月までの記事から、厳選した120本を掲載しています。政治、経済、科学、芸能、スポーツなど、バラエティに富んだ短い英文ばかりなので、飽きずに読み進められます。

---

20 December

30 Tornadoes Hit 6 US St

At least 30 tornadoes hit six states in the c
and southern United States late Friday and
Saturday. The death toll is feared to rise a
100.   Dec13,2021

CHECK!

- [ ] **tornado** … 竜巻
- [ ] **death toll** … 死亡者数
- [ ] **be feared to** … 〜すると懸念される
- [ ] **rise above** … 〜を超える

CHECK!
記事の中の重要語彙や時事英単語を紹介しています。覚えた単語は□欄でチェックしましょう。巻末のINDEXもご利用ください。

≡　　　　**訳出のポイント**

● tornade の語源は「激しい雷雨」を意味するス tornada. ここから、アフリカ西部などの雷雨を伴う 中西部の竜巻を意味する気象用語「トルネード」と す。ただ、日本語では「竜巻」と訳されることが通例

● hit は「〜を打つ」「〜をたたく」「〜を襲う」といっ なじみの基本動詞ですね。英字新聞では、「(嵐、台風、地震など ての災害が) 〜を襲う」→「(嵐、台風、地震などの災害が) 〜 で発生する」という意味合いで頻出。

● late は時刻などが「遅い」の意味でよく知られる形容詞で、副詞としても頻出です。その場合 late 〜で「〜の遅い時間に」「〜遅くに」「〜 (という期間の) 終わり近くに」という意味になります。そこで、late Friday は「金曜日の遅い時間に」「金曜日が終わりそうな時間に」→「金曜日深夜に」ということです。同様に、early 〜の方は「〜の早い時間に」「〜早くに」「〜 (という期間の) 始まり近くに」なので、early Saturday だ 「土曜日の早い時間に」「土曜日が始まる時間に」→「土曜日 です。

訳出のポイント
英文の大事な文法事項や和訳のヒントを、わかりやすく解説しています。

≡ 対訳

「米6州で30の竜巻が発生」

金曜深夜から土曜日未明にかけて、アメリカの中部および南部の6州で少なくとも30の竜巻が発生した。死者数は100人を超えると懸念される。

2021年12月13日

TODAY'S POINT

今日の
ポイント

「懸念する」fear

fear はもともと「恐れ」「恐怖感」「おびえ」という名詞。英字新聞では「〜を恐れる」「〜をこわがる」「〜を心配（懸念）する」という動詞としてもしばしば登場する単語となっています。

とくに be feared to V「〜するのを恐れられる」→「〜することが懸念される」という表現は頻出なので、押さえて□□□□□□ここでは is feared to rise above 100 で□□□□□□増大することが懸念される」→「100□□□□□れる」となっています。

今日のポイント

英字新聞頻出の時事英単語やわかりにくい文法事項など、英語学習の観点から特に大事なところを解説しています。ここを読むだけでも、英語力がアップします。

December,2021

2021年12月

Japan's Princess Aiko Celebrates Coming of Age Ceremonies

Japan's Princess Aiko went through official ceremonies to mark her coming of age at the Imperial Palace on Sunday. Aiko, Emperor Naruhito's only child turned 20 on December 1st.

Dec7,2021

CHECK!

- ☐ **Princess Aiko** …【日本】愛子内親王、愛子さま
- ☐ **celebrate** [séləbrèit] **(=go through)** …(儀式、祝典など)を行う
- ☐ **coming of age** … 成人(年齢)、成年
- ☐ **official ceremonies** … 公式行事
- ☐ **mark** [mɑ́:rk] … ~を記念する、~を祝う
- ☐ **Imperial Palace** …【日本】皇居
- ☐ **Emperor Naruhito** …【日本】天皇陛下
- ☐ **turn** [tə́:rn] _ **(years old)** … _歳になる

訳出のポイント

- come of age は「成年に達する」「成人年齢に達する」という言い方。coming of age はその名詞形で「成人になること」「成人年齢」「成年」ということですね。
- 動詞 turn は「回る」「回転する」「~に変わる」「~になる」といったさまざまな意味で使われる基本動詞。ある年齢、時刻、金額など「に達する」「を超える」という意味合いでもしばしば使われるので、確認しておいてください。そこで turn 20 (= turn 20 years old) は「20歳に達する」→「20歳になる」というわけです。

「日本の愛子内親王、成年行事に臨まれる」

日本の愛子内親王は日曜日、皇居にて成年を祝う公式行事に臨まれた。天皇陛下の唯一の子である愛子さまは、12月1日に20歳になられた。

2021年12月7日

TODAY'S POINT
今日のポイント

「儀式を行う」を意味する2つの英単語

celebrate は「〜を祝う」「〜を祝賀する」という意味でおなじみの動詞ですね。
儀式、祝典などを「行う」「挙行する」という意味合いでもよく使われるので、注意しましょう。例えば celebrate a marriage だと「結婚式を執り行う」「挙式する」という意味になります。また、go through はもともと「〜を通り抜ける」「〜を通過する」という成句ですが、法案などが(議会などを)「通過する」→「可決される」、苦しみなどを「受ける」「経験する」といった意味でよく使われます。さらに、手続き、過程、課程などを「ふむ」「終える」、儀式などを「行う」「参加する」といった場合にも用いられる表現です。今日の場合は go through official ceremonies で「公的儀式を行う」→「公式行事に臨む」となっています。

US Announces Diplomatic Boycott of 2022 Winter Olympics in Beijing

The Biden administration will send no diplomatic delegation to the 2022 Winter Olympics in Beijing, the White House announced on Monday.   Dec8,2021

CHECK! ▐▐▐▐▶

- ☐ **diplomatic boycott** … 外交（的）ボイコット
- ☐ **the … administration** … … 政権
- ☐ **diplomatic delegation** … 外交（代表）団
- ☐ **the White House** … アメリカ政府

≡   訳出のポイント

● diplomatic の語源は「公文書」を意味するラテン語 diploma。公文書では外交問題が多く取り扱われていたことから「外交の」「外交上の」「外交的な」という形容詞となっています。

● boycott の語源は Captain Charles Boycott という人の名前です。この人は、1880 年代に小作人から排斥されたアイルランドの土地管理人。ここから boycott は、人などを（同盟して）「のけものにする」「排斥する」商品などの「購買を拒否する」「〜をボイコットする」あるいは会などへの「参加を拒否する」という動詞となっています。また、「排斥（運動）」「不買（運動）」「ボイコット」という名詞としてもよく使われます。

● 「ボイコット」は日本語にもすっかり浸透していておなじみの言い方ですね。今日のタイトルでは diplomatic boycott で「外交ボイコット」「外交的ボイコット」ということです。

「米、2022年北京冬季五輪の外交ボイコットを発表」

米バイデン政権は、2022年北京冬季オリンピックに外交団を派遣しないという。アメリカ政府が月曜日に発表した。

2021年12月8日

TODAY'S POINT
今日の
ポイント

ホワイトハウスといえば…

(the) White House「ホワイトハウス」といえばワシントンD.C.にある「アメリカ大統領官邸」。転じて「アメリカ政府」を指す表現としても頻出なので、しっかり確認しておきましょう。モスクワにあるロシアの Kremlin「クレムリン」「クレムリン宮殿」が「ロシア政府」（かつては「ソ連政府」）を指すのも同様ですね。

Japanese Billionaire Arrives at ISS

Japanese billionaire Yusaku Maezawa arrived at the International Space Station where he will stay for 12 days as the first private space tourist from Japan.

Dec10,2021

CHECK! ▶

- [ ] **billionaire** [bìljənéər] … 億万長者
- [ ] **ISS (=International Space Station)** … 国際宇宙ステーション
- [ ] **stay** [stéɪ] … 滞在する
- [ ] **private space tourist** … 民間宇宙（観光）旅行客

☰ 訳出のポイント

- billionaire は「億万長者」。最近はあまり使われなくなりましたが、millionaire「百万長者」とともに確認しておきましょう。

- ISS は International Space Station「国際宇宙ステーション」の略ですね。ISS は、日、米、カナダ、欧州各国、ロシアの計 15 カ国が協力して建設し、利用している宇宙実験施設で、地球の上空約 400km に浮かんでいます。

- ZOZO 創業者で元社長、実業家の前澤友作さんは、日本時間 8 日午後、カザフスタンのバイコヌール宇宙基地から打ち上げられたソユーズで宇宙へ飛び立ちました。そして、約 6 時間後に、カメラマンとして同行の平野陽三さん、ロシア人宇宙飛行士のミシュルキンさんとともに、ISS に到着。12 日間の滞在中は、世界中から募集した「宇宙でやってほしい 100 のこと」を実施して、その様子を YouTube で配信するということです。

「日本の億万長者、ISS 到着」

日本人億万長者の前澤友作さんが国際宇宙ステーション
(ISS) に到着した。前澤さんは、日本の民間宇宙旅行客
としては初めて ISS に 12 日間滞在する。

2021 年 12 月 10 日

TODAY'S POINT
今日の
ポイント

関係副詞 where の使い方

本文半ばの where は直前の the International Space
Station を受ける関係副詞。
where 以下は「日本出身の初めての民間宇宙旅行客として
12 日間滞在する（国際宇宙ステーションに到着した）」と
いうことです。本文全体としては、
「日本人億万長者の前澤友作さんが、日本出身の初めての
民間宇宙旅行客として 12 日間滞在する国際宇宙ステーショ
ンに到着した」となりますね。
対訳では、これを 2 つの文に分けて、
「日本人億万長者の前澤友作さんが国際宇宙ステーションに
到着した。前澤さんは、日本の民間宇宙旅行客としては初
めて ISS に 12 日間滞在する」
としているわけです。

30 Tornadoes Hit 6 US States

At least 30 tornadoes hit six states in the central and southern United States late Friday and early Saturday. The death toll is feared to rise above 100.

Dec13,2021

CHECK! ▮▮▮▶

- [ ] **tornado** [tɔːrnéɪdou] … 竜巻
- [ ] **death toll** … 死亡者数
- [ ] **be feared to** … ～すると懸念される
- [ ] **rise above** … ～を超える

☰ 訳出のポイント

- tornado の語源は「激しい雷雨」を意味するスペイン語 tornada。ここから、アフリカ西部などの雷雨を伴う竜巻や米国中西部の竜巻を意味する気象用語「トルネード」となっています。ただ、日本語では「竜巻」と訳されることが通例です。

- hit は「～を打つ」「～をたたく」「～を襲う」といった意味でおなじみの基本動詞ですね。英字新聞では、「(嵐、台風、地震などの災害が) ～を襲う」→「(嵐、台風、地震などの災害が) ～で発生する」という意味合いで頻出。

- late は時刻などが「遅い」の意味でよく知られる形容詞で、副詞としても頻出です。その場合 late ～で「～の遅い時間に」「～遅くに」「～ (という期間の) 終わり近くに」という意味になります。そこで、late Friday は「金曜日の遅い時間に」「金曜日が終わりそうな時間に」→「金曜日深夜に」ということです。同様に、early ～の方は「～の早い時間に」「～早くに」「～ (という期間の) 始まり近くに」なので、early Saturday だと「土曜日の早い時間に」「土曜日が始まる時間に」→「土曜日未明に」となるわけです。

「米6州で30の竜巻が発生」

金曜深夜から土曜日未明にかけて、アメリカの中部および南部の6州で少なくとも30の竜巻が発生した。死者数は100人を超えると懸念される。

2021年12月13日

TODAY'S POINT
今日の
ポイント

「懸念する」fear

fear はもともと「恐れ」「恐怖感」「おびえ」という名詞。英字新聞では「〜を恐れる」「〜をこわがる」「〜を心配（懸念）する」という動詞としてもしばしば登場する単語となっています。

特に be feared to V「〜するのを恐れられる」→「〜することが懸念される」という表現は頻出なので、押さえておいてください。ここでは is feared to rise above 100 で「100（人）より上に増大することが懸念される」→「100人を超えると懸念される」となっています。

Time Magazine Picks Elon Musk as 2021 Person of the Year

Time magazine named Elon Musk, Tesla CEO, SpaceX founder, and richest man on earth, as its Person of the Year for 2021.   Dec16,2021

CHECK! ▮▮▮▶

- ☐ **Time Magazine** …【米】タイム誌
- ☐ **pick (=name) A as B** … A を B に選ぶ
- ☐ **Person of the Year** … (タイム誌恒例の)『今年の人』
- ☐ **founder** [fáundər] … 創設者

≡   訳出のポイント

- Time あるいは Time Magazine はアメリカの雑誌。1923 年創刊の世界初のニュース雑誌として知られています。そして、Person of the Year「パーソン・オブ・ザ・イヤー」「今年の人」はタイム誌が毎年年末に選ぶ、その年の"顔"。

- founder は「～の基礎を築く」「～を設立(創立、創設)する」という動詞 found に「～する人」という意味を作る接尾辞 -er が付いたもの。すなわち「設立者」「創設者」「創業者」。

- the richest man on earth の直訳は「地球上で最もお金を持っている人」。つまり「世界一の富豪」ということですね。

- 米タイム誌で年末恒例の Person of the Year に電気自動車のテスラ、そして宇宙開発企業のスペース X を率いるイーロン・マスク氏が選ばれました。マスク氏は今年、純資産が 2500 億ドル(約 28 兆円)以上になったと言われ、世界一の大富豪でもあるわけです。また Twitter では 6600 万人を超えるフォロワーを抱えるなど、SNS でも圧倒的な影響力を見せていますね。

「タイム誌『2021年今年の人』にイーロン・マスク氏」

タイム誌は、2021年の『今年の人』にテスラの最高責任者でスペースXの創設者、そして世界一の富豪であるイーロン・マスク氏を選んだ。

2021年12月16日

TODAY'S POINT
今日の
ポイント

pick と name

pickは、日常会話では「～を摘み取る」「～をつまみ取る」といった意味でよく使われる動詞。もともとは人・物などを入念に「選ぶ」「精選する」という意味の動詞です。

そこで、pick A as Bで「AをBとして選ぶ」「AをBに選ぶ」という言い方になっています。

また、nameも「～を指名する」→「～を選ぶ」という動詞として頻出ですね。したがってname A as Bでも同じ意味になるわけです。

NASA Spacecraft Reaches Solar Corona for the First Time Ever

NASA announced on Tuesday that its Parker Solar Probe reached the sun's outer atmosphere or corona for the first time in history.

Dec17,2021

CHECK! ▶

- [ ] **NASA** [nǽsə] … 米航空宇宙局
- [ ] **spacecraft** [spéɪskræft] … 宇宙船、宇宙探査機
- [ ] **reach** [ríːtʃ] … 〜に達する
- [ ] **solar corona** … 太陽コロナ
- [ ] **outer atmosphere** … 外層大気圏

≡　訳出のポイント

- NASA は National Aeronautics and Space Administration「航空宇宙局」。日本語でも NASA で通じるようになっていますが、訳す場合には「米航空宇宙局」が通例となっています。

- reach は人・乗物などが（時間をかけて）（努力の末に）場所や目的地などに「着く」「到着する」という意味の動詞です。今日の場合は reach solar corona で宇宙探査機が「太陽コロナに到達する」ということです。

- タイトル中の for the first time ever は「これまでで初めて」→「史上初めて」という言い方。本文で登場している for the first time in history「歴史上初めて」と同意となっています。

- atmosphere は【atomo-（空気の）＋ -sphere（球、圏）】という成り立ちの語。sun's outer atmosphere で「太陽の外層大気圏」というわけです。

「NASA 宇宙探査機が太陽コロナに到達、史上初」

米航空宇宙局（NASA）の『パーカー・ソーラー・プローブ』が歴史上初めて、太陽の外層大気圏であるコロナに到達した。NASA が火曜日に発表した。

2021 年 12 月 17 日

TODAY'S POINT
今日の
ポイント

「換言」としての or

or は「または〜」「あるいは〜」という【選択】の意味の接続詞としておなじみですが、「すなわち〜」「言い換えれば〜」という【換言】の用法でもしばしば登場します。
今日の場合も sun's outer atmosphere or corona で「太陽の外層大気圏、すなわちコロナ」→「太陽の外層大気圏であるコロナ」となっています。

Japanese Singer/Actress Sayaka Kanda Dies

Japanese singer and actress Sayaka Kanda died after apparently falling from a high-rise hotel window in Sapporo. 35-year-old Kanda, known for voicing the main character Anna in the Japanese dubbed version of Disney's "Frozen", was the daughter of actor Masaki Kanda and singer Seiko Matsuda.   Dec21,2021

CHECK! ▐▐▐▐▶

- ☐ **apparently** [əpérəntli] … どうも〜らしい
- ☐ **fall from** … 〜から落ちる
- ☐ **high-rise hotel window** … 高層ホテルの窓
- ☐ **be known for** … 〜で知られる
- ☐ **voice** [vɔ́ɪs] …【動詞】（吹き替えの）声を担当する
- ☐ **main character** … メインキャラクター、主人公
- ☐ **Japanese dubbed version** … 日本語吹き替え版
- ☐ **"Frozen"** [fróuzn] …【映画】『アナと雪の女王』

　　　　　　　　　　訳出のポイント

● apparently は実際はともかく「見たところは〜らしい」、あるいは見た感じから「明らかに」という意味の副詞。本文の第1文 after apparently falling from a high-rise hotel window in Sapporo の部分では、どちらの意味合いかは明確ではありませんが、「（見たところ）札幌市の高層ホテルの窓から転落したらしく、その後（死亡した）」→「札幌市の高層ホテルの窓から転落したとみられ、その後（死亡した）」となっています。

「日本人歌手・俳優の神田沙也加さんが死去」

日本人歌手で俳優の神田沙也加さんが、札幌市の高層ホテルの窓から転落したとみられ、その後死亡した。ディズニー映画『アナと雪の女王』の日本語吹き替え版でメインキャラクターのアナの声を演じたことで知られる、35歳の神田さんは、俳優の神田正輝さんと歌手の松田聖子さんの娘である。　　　　　　　　　　　2021年12月21日

TODAY'S POINT

**今日の
ポイント**

動詞としての voice

voice は「声」という意味の名詞としておなじみですが、今日の場合は、voicing と動詞の現在進行形で登場しているので注意しましょう。

動詞 voice は「〜を音声化する」という意味ですが、映画、テレビ番組などで「ナレーションを入れる」「声の吹き替えをする」という意味でも使われます。

また、double の短縮形である dub も映画や放送で「〜を追加録音する」「〜に音声を入れる」あるいは「（他の言語に）吹き替えする」という動詞になっています。

この動詞 dub の過去分詞 dubbed は「（他言語に）吹き替えられた」という意味になるので、dubbed version は「吹き替え版」、Japanese dubbed version だと「日本語吹き替え版」というわけです。

Philippines Typhoon Death Toll Surges to 375

The death toll from Typhoon Rai, the strongest one to hit the Philippines this year, rose to 375 on Monday. Some 500 people were injured and 56 are missing.   Dec22,2021

CHECK! ▮▮▮▮▶

- ☐ **Philippines** [fíləpi:nz] … フィリピン
- ☐ **typhoon** [taɪfúːn] … 台風
- ☐ **death toll** … 死亡者数
- ☐ **surge (=rise) to** _ … （急増して）__に達する
- ☐ **Typhoon Rai** … 台風ライ（台風22号）
- ☐ **some** [sʌm] _ … およそ、約
- ☐ **missing** [mísɪŋ] _ … 行方不明の

☰   訳出のポイント

● surge は感情などが「湧き上がる」物価などが「急騰する」という意味の動詞。英字新聞では値、数などが急に、とてつもなく、一気に「増加する」というニュアンスでよく登場する単語です。今日のタイトルでは surge to _「__まで（急）増加する」→「（一気に）__に達する」という形で使われています。また、本文では surge に代わり「上がる」「上昇する」という動詞 rise が用いられていますが、rise to _ で「__まで上昇する」→「__に達する」と同義の言い方になっています。

● 「いくらかの」「多少の」といった意味の形容詞としておなじみの some。直後に数詞を伴うと「およそ__」「約__」という意味になるので、注意しましょう。同じ意味で一般的に使われる about よりは漠然とした数を表すとされています。

「フィリピンの台風死者、375 人に」

月曜日、フィリピンを襲った今年最強の台風 22 号による
死者が 375 人に上った。およそ 500 人が負傷し、56 人が
行方不明となっている。

2021 年 12 月 22 日

**今日の
ポイント**

台風の名前

typhoon の語源は中国語の「大風 tai fung」と言われてい
ます。日本では、気象庁が毎年 1 月 1 日以後、最も早く発
生した台風を第 1 号とし、以後台風の発生順に番号をつけ
ていますね。
北西太平洋または南シナ海の領域で発生する台風には、
2000 年以降、日本を含む 14 カ国等が参加する台風委員会
が、同領域に共通のアジア名を付けることになっています。
Typhoon Rai「台風ライ」は、このアジア名ということで
すね。
日本での名称は「台風 22 号」なので、対訳ではこちらを採
用しています。

Japan Hit by 'Potato Shock'

McDonald's Japan has been temporarily
suspending the sale of medium and large size
French fries due to delays in shipments of
potatoes from overseas.   Dec24,2021

CHECK! ▮▮▮▮▶

- ☐ **(be) hit by** … 〜に襲われる
- ☐ **temporarily suspend** … 一時的に休止する
- ☐ **French fries** … フライドポテト
- ☐ **delays in shipments** … 出荷の遅延
- ☐ **from overseas** … 海外からの

☰   訳出のポイント

● potate shock「ポテトショック」は 1970 年代に 2 度発生した oil shock「オイルショック」「石油ショック」をもじった言い方です。「石油ショック」では、原油供給のひっ迫により原油価格が高騰し、世界経済全体に大きな混乱をきたしました。

● temporarily は「一時的に」「仮に」「しばらく」という副詞。今日の場合は temporarily suspend the sale of 〜で「〜の販売を一時的に休止する」という言い方になっています。

● French fries はジャガイモを食べやすい大きさに切って、油で揚げた料理。フランスが起源とされる（ベルギー説もあり）ため、特に米国では「フランス式の揚げたジャガイモ」という意味で French-fried potatoes あるいは French fries と呼ばれるわけです。ちなみに、英国では chips という言い方が一般的です。また、日本語の「フライドポテト」は和製英語ですが、fried potatoes でも文法的に間違いはなく英語圏でも意味は通じます。

「日本で『ポテトショック』」

日本マクドナルドは、海外からのジャガイモの出荷が遅延しているため、フライドポテトのMサイズとLサイズの販売を一時的に休止としている。

2021年12月24日

TODAY'S POINT
今日の
ポイント

shipment の訳し方

shipment はもともと「船積み」あるいは「船積み荷」を意味する名詞。ここから「発送（品）」「出荷（品）」という意味合いでも使われる単語です。

そこで、本文後半の due to ...以下は「海外からのジャガイモの出荷の遅延が原因で」「海外からのジャガイモの出荷が遅延しているため」というわけですね。

World's Largest Space Telescope Successfully Launched

The world's largest and most powerful space telescope successfully left Earth on Christmas Day. NASA's James Webb Space Telescope is expected to enable us to observe early galaxies.

Dec27,2021

CHECK! ▗▗▗▶

- [ ] **space telescope** … 宇宙望遠鏡
- [ ] **successfully launch** … 打ち上げに成功する
- [ ] **leave Earth** … 地球を離れる、地球から出発する
- [ ] **Christmas Day** … クリスマス（の日）
- [ ] **be expected to** … ～すると期待されている
- [ ] **enable ～ to** … … ～が…できるようにする
- [ ] **observe early galaxies** … 初期宇宙を観測する

☰	訳出のポイント

- telescope は「望遠鏡」。space telescope「宇宙望遠鏡」は地球の衛星軌道上などに打ち上げ、設置される望遠鏡ですね。

- earth は「地球」。他の天体と対比しての「地球」ということで the earth と記される場合も多いです。また、Mars「火星」など他の惑星と対比させるときには (the) Earth と大文字表記が好まれます。今日の場合は successfully left Earth で「無事に地球を出発した」（＝無事に打ち上げられた）。

- enable us to observe early galaxies の部分は「（ジェイムズ・ウェッブ宇宙望遠鏡は）我々に初期宇宙を観測することを可能にさせる」→「我々は初期宇宙を観測できるようになる」。

「世界最大の宇宙望遠鏡、打ち上げ成功」

クリスマスに、世界最大かつ最強の宇宙望遠鏡が無事に地球から出発した。NASA（米航空宇宙局）のジェイムズ・ウェッブ宇宙望遠鏡によって、初期宇宙の観測が可能になると期待される。

2021 年 12 月 27 日

TODAY'S POINT
今日の
ポイント

英字新聞によく出る副詞 successfully

successful は「成功した」「うまくいった」という形容詞で、successfully はそこから派生した副詞。「成功のうちに」「うまく」「首尾よく」といった意味合いになります。
英字新聞では【successfully + V】「成功のうちに～する」「うまく（無事に）～する」→「～することに成功する」という形でしばしば登場していますね。
しっかり確認しておきましょう。

January,2022

4	**World's Oldest Person Kane Tanaka Celebrates 119th Birthday**
5	**Apple Becomes First $3 Trillion Company**
11	**'Drive My Car' Wins Best Non-English Motion Picture at Golden Globes**
12	**Global Dementia Cases May Triple by 2050**
19	**Hideki Matsuyama Wins Sony Open**
20	**Starbucks Teams up with Meituan for Coffee Delivery in China**
21	**Tokyo Confirms Record High 8,638 New Coronavirus Cases**
24	**Bitcoin Loses Almost 50% Value Since November Record High**
25	**U.S. Orders Families of Embassy Staff to Leave Ukraine**
27	**U.S. Woman Finds $3m Lottery Ticket in Spam Email Folder**

2022年1月

4日	世界最高齢の田中カ子さん、119歳に
5日	アップル、世界初の3兆ドル企業に
11日	ゴールデングローブ、『ドライブ・マイ・カー』が非英語映画賞を受賞
12日	世界の認知症患者数、2050年までに3倍か
19日	松山英樹、ソニーオープン優勝
20日	スターバックスが美団と提携、中国でコーヒー宅配
21日	東京都、新型コロナ8638人感染新たに確認、過去最多
24日	ビットコイン、時価総額が11月の過去最高値からほぼ半減
25日	米、ウクライナ駐在の大使館員家族に退避命令
27日	米女性、『迷惑メールフォルダ』に3.4億円当選宝くじ

World's Oldest Person Kane Tanaka Celebrates 119th Birthday

The world's oldest person Kane Tanaka, who was born in Fukuoka, southwestern Japan, in 1903, celebrated her 119th birthday on Sunday.

Jan4,2022

CHECK! ▐▐▐▐▶

- ☐ **celebrate (one's) _th birthday** … __歳の誕生日を祝う
- ☐ **be born in 〜** … 〜で生まれる
- ☐ **be born in _** … __年に生まれる

≡   訳出のポイント

- birthday は、みなさんご存じのように「誕生日」ですね。「生年月日」にあたる英語はどうでしょうか？　こちらは birth date になります。あわせて確認しておきましょう。

- celebrate は特定の日やめでたいことを「祝う」「祝賀する」という動詞。celebrate one's birthday「〜の誕生日を祝う」celebrate one's _th birthday「__歳の誕生日を祝う」という言い方になります。日本語の「__歳の誕生日を迎える」に近いニュアンスでも使われる表現とみなしても大丈夫でしょう。

- 世界最高齢に認定されている福岡市の田中カ子さんが、1月2日に119歳の誕生日を迎えたというニュース。日露戦争開戦の前年にあたる 1903 年（明治36）に生まれ、明治、大正、昭和、平成、令和という5つの時代を生きておられます。

「世界最高齢の田中カ子さん、119歳に」

世界最高齢の田中カ子さんが日曜日、119歳の誕生日を迎えた。田中さんは 1903 年に日本南西部の福岡で生まれた。

2022 年 1 月 4 日

TODAY'S POINT

今日の
ポイント

be born in の訳し方

born は、厳密にいえば女性が子を「産む」、子を「もうける」という動詞 bear の過去分詞です。受け身の be born で「生まれる」「誕生する」という言い方が一般的なので、この形でおぼえておくと実践的ですね。

be born in 〜 で〜の部分に地名など場所を示す表現がくると「〜で生まれる」という言い方になります。

あるいは be born in _ で _ の部分に数字など年を表す表現をともなうと「__年に生まれる」という意味になっています。

そこで、本文中の [,] にはさまれた (Kane Tanaka) who was born in Fukuoka, southwestern Japan, in 1903 の部分は「1903 年に日本南西部の福岡で生まれた (田中カ子さん)」というわけですね。対訳では、この部分を独立させて第 2 文として、「田中さんは 1903 年に日本南西部の福岡で生まれた」としています。

Apple Becomes First $3 Trillion Company

Apple became the first publicly traded company ever to hit a market capitalization of $3 trillion on Monday. The iPhone maker became a $1 trillion company in August 2018 and the first company to be valued at $2 trillion two years later.   Jan5,2022

CHECK! ▮▮▮▶

- ☐ **trillion** [tríljən] … 兆
- ☐ **publicly traded company** … 上場企業
- ☐ **market capitalization** … 時価総額
- ☐ **be valued at $_** … __ドルと評価される → 時価総額__ドルの

☰   訳出のポイント

- $3 trillion company は直訳すると「3兆ドル企業」。つまり「3兆ドルの価値がある企業」→「時価総額3兆ドルの企業」。

- publicly traded は「公的に取引された」「公的に取引されている」の意。publicly traded company で「公的に（株式が）取引されている企業」→「上場企業」「株式公開企業」という意味になっています。

- market capitalization は market cap とも呼ばれます。個別銘柄の株価に発行済み株式数をかけた値のことで、株式の「時価総額」を指すわけです。その企業のその時の“価値”を意味する数字としてよく使われていますね。そこで、hit a market capitalization of $3 trillion の部分は「3兆ドルの時価総額に達する」→「時価総額が3兆ドルに達する」となっています。

「アップル、世界初の3兆ドル企業に」

iPhoneメーカーであるアップルの時価総額が月曜日、上場企業としては史上初の3兆ドル（約345兆円）に達した。アップルの時価総額は2018年8月に1兆ドルを突破し、その2年後には世界初の2兆ドル企業となっていた。

2022年1月5日

TODAY'S POINT
今日の
ポイント

株式・金融関係の記事で使われる
be valued at

valuedは「評価された」という形容詞。be valued at $_ で「__ドルと評価された」という言い方です。

今日の記事のように、株式・金融関連の文脈では企業（の時価総額）が「__ドルと評価された」→「時価総額が__ドルの」という意味でしばしば用いられる言い方となっています。

したがって、本文第2文は「そのiPhoneメーカー（＝アップル）は、2018年8月に1兆ドル企業となり、その2年後には時価総額が2兆ドルの（世界で）初めての企業となっていた」→「（iPhoneメーカーである）アップルの時価総額は2018年に1兆ドルを突破し、その2年後には世界初の2兆ドル企業となっていた」というわけですね。

'Drive My Car' Wins Best Non-English Motion Picture at Golden Globes

Japanese feature film 'Drive My Car', directed by Ryusuke Hamaguchi, won the Best Non-English Language Motion Picture at the 79th Golden Globe Awards.　　　　　Jan11,2022

CHECK! ▐▐▐▐▶

- [ ] **Best non-English (Language) Motion Picture** … 非英語映画賞
- [ ] **Golden Globes (=Golden Globe Awards)** … ゴールデングローブ賞
- [ ] **feature film** … 長編映画
- [ ] **directed by** … ～によって監督された

☰　　　　　　　　　訳出のポイント

- non- は名詞、形容詞、副詞、動詞につけて「非…」「不…」「無…」の意味になる接頭辞。類似の接頭辞である dis-, in-, un- などが「反対」「逆」を表すのに対して、non- は「欠如」など消極的な否定を表します。また、大文字で始まる語につく場合は通例ハイフンを用いることもおぼえておきましょう。今日の場合は、English「英語」の前についているので、non-English で「非英語（の）」ということです。

- direct は今日の場合は映画などを「監督する」の意になっています。したがって [,] ではさまれた directed by Ryusuke Hamaguchi の部分は「濱口竜介に監督された（長編日本映画『ドライブ・マイ・カー』）」→「濱口竜介監督による（長編日本映画『ドライブ・マイ・カー』）というわけです。

「ゴールデングローブ、『ドライブ・マイ・カー』が非英語映画賞を受賞」

濱口竜介監督の長編日本映画『ドライブ・マイ・カー』が、第79回ゴールデングローブ賞で、非英語映画賞を受賞した。

2022 年 1 月 11 日

TODAY'S POINT
今日のポイント

映画を英語で言うと

motion picture は「映画」。主に米国で用いられる正式な言い方です。日常的には movie というのが普通ですね。

film も「映画」の意味になりますが、こちらはどちらかというと英国で好まれる単語となっています。

もともと、欧米では映画を劇場で上映する際、メインの映画の前に、前座的に short film「短編映画」を上映するのが通例でした。ディズニーのミッキーマウスは、短編映画のために作られたキャラクターです。

この short film に対してメインの「主要映画」「長編映画」のことを feature film と呼んだわけです。

ここから、現在では単独で上映される「長編映画」のことを指します。

アカデミー賞の映画芸術科学協会によれば上映時間が 40分以上、また映画俳優協会によれば 80分以上の映画とされています。

Global Dementia Cases May Triple by 2050

The number of people with dementia worldwide is expected to nearly triple, from an estimated 57 million in 2019 to 153 million in 2050, according to a new study.   Jan12,2022

CHECK! ▌▌▌▌▶

- ☐ **global dementia cases** … 世界の認知症症例（数）
- ☐ **(nearly) triple** …【動詞】（ほぼ）3倍になる
- ☐ **be expected to** … ～すると見込まれる
- ☐ **estimated** [éstəmèɪtɪd] … 推定の
- ☐ **million** [míljən] … 100万

☰ 訳出のポイント

- dementia は「認知症」。global が「全世界の」で、case が「症例」なので、タイトルの global dementia cases は「全世界の認知症症例（数）」ということです。

- triple はもともと「3倍の」「3重の」という形容詞。今日の場合は「3倍になる」という動詞として登場しています。

- nearly は「ほぼ」「だいたい」「近くで」という副詞なので、nearly triple は「ほぼ3倍になる」「3倍近くになる」。

- 米ワシントン大学などの研究チームが、各国が対策を講じなければ、世界の認知症患者は2050年までに約3倍に増える、との推計を英医学誌ランセット姉妹誌に発表しました。ただし、その増加率には地域差があり、中東やアフリカでは特に高く、アジア太平洋地域や欧州は低くなっています。そして、日本は分析対象国の中で最も増加率が低いとされますが、それでも412万人から約1.27倍の524万人になると予測されています。

「世界の認知症患者数、2050 年までに3 倍か」

新研究によると、世界の認知症患者数は 2019 年の推定5700 万人から 2050 年までに 1 億 5300 万人とほぼ 3 倍に増える見込みだという。

2022 年 1 月 12 日

estimated「推定の」

estimate は「見積もる」「推定する」という動詞。その過去分詞が形容詞化した estimated は「見積もりの」「推定の」「推定された」。

そこで、[,]にはさまれた from an estimated 57 million in 2019 to 153 million in 2050 の部分は「2019 年の推定（の）5700 万人から 2050 年の 1 億 5300 万人へ」の意味になっています。

そして、この部分は直前の nearly triple を説明する（＝言い換える）文節なので、「2019 年の推定 5700 万人から2050 年の 1 億 5300 万人へ、ほぼ 3 倍になる」→「2019 年の推定 5700 万人から、2050 年までに 1 億 5300 万人とほぼ3 倍に増える」というわけです。

Hideki Matsuyama Wins Sony Open

Japan's Hideki Matsuyama clinched a stunning victory at the Sony Open in Hawaii with an eagle in the first hole of a play-off to defeat Russell Henley.

Jan19,2022

CHECK! ▐▐▐▐▶

☐ **clinch a stunning victory** … 見事な優勝を果たす
☐ **eagle** [íːgl] …【ゴルフ】イーグル
☐ **play-off** …【ゴルフ】プレーオフ
☐ **defeat** [dɪfíːt] … ～を負かす、～を破る

≡　訳出のポイント

● with an eagle... 以下の本文後半は「ラッセル・ヘンリーを負かすための、プレーオフにおける最初のホールでのイーグルとともに（見事な優勝を果たした）」→「プレーオフの1ホール目でイーグルを決めてラッセル・ヘンリーを制し、（見事な優勝を果たした）」ということです。

● 最終日、首位のヘンリーと2打差で出た松山。ハーフターンでは5打差をつけられていましたが、back nine で一気に追いつき、プレーオフに突入しました。プレーオフ1ホール目の18番では、ヘンリーがボギーを喫する一方、松山はイーグルパットを沈め、圧巻の勝利を決めました。

「松山英樹、ソニーオープン優勝」

日本の松山英樹が、プレーオフの1ホール目でイーグル
を決めてラッセル・ヘンリーを制し、ハワイで行われた
ソニーオープンで見事な優勝を果たした。

2022年1月19日

TODAY'S POINT
今日の
ポイント

「素晴らしい」 stunning

stun gun「スタンガン」というように、stun はもともと
「〜を気絶させる」「〜を失神させる」という動詞。

ここから、喜びや驚きなどで人を「動転させる」「(気絶す
るほど)驚かせる」「呆然とさせる」という意味にもなって
います。

stunning はこの動詞 stun の現在分詞が形容詞化した語で
人が驚くほど「美しい」「素晴らしい」「見事な」という意
味合いでよく使われます。

今日の場合は a stunning victory で「素晴らしい勝利」「見
事な優勝」、clinch a stunning victory で「素晴らしい勝利
を決める」「見事な優勝を果たす」という言い方になってい
ます。

したがって、本文前半は「日本の松山英樹が、ハワイでの
ソニーオープンで見事な優勝を果たした」となります。

Starbucks Teams up with Meituan for Coffee Delivery in China

U.S. coffee chain Starbucks announced on Tuesday that it has entered into a partnership with Chinese tech giant Meituan to expand delivery services in the country.

Jan20,2022

CHECK! ▮▮▮▮▶

- [ ] **team up with** … 〜と提携する
- [ ] **Meituan** …【中国】美団
- [ ] **enter into a partnership with** … 〜と提携を結ぶ
- [ ] **tech giant** … テクノロジー大手
- [ ] **expand delivery services** … 宅配サービスを拡大する

≡　訳出のポイント

- team は「チーム」「団」「組」という意味の名詞としておなじみの単語ですね。今日のタイトルでは、「チームになる」→「協力する」「共同する」という動詞として登場しています。
- team up with 〜 で「〜と協力する」「〜と提携する」という言い方になっています。一方、partnership も「提携」「共同」「協力」「協調」という名詞。enter into a partnership with 〜 で「提携（の関係）に入る」→「提携を結ぶ」。
- 世界第2の経済大国である中国は、スターバックスにとっても米国に次ぐ主要市場で、現在約5000店舗を展開しています。世界で最もスタバが多い都市は上海市で、約900店舗あるそうです。

「スターバックスが美団と提携、中国でコーヒー宅配」

米コーヒーチェーンのスターバックスは火曜日、中国での宅配サービスを拡大するため、同国のテクノロジー大手『美団』と提携を結んだと発表した。

2022 年 1 月 20 日

TODAY'S POINT
今日の
ポイント

expand を成り立ちから考える

expand は【 ex-（外へ）＋ -pand（広がる）】という成り立ちの語で「外へ広がる」→「拡大する」「拡張する」という動詞です。
ここでは expand delivery services で「宅配サービスを拡大する」ということですね。

Tokyo Confirms Record High 8,638 New Coronavirus Cases

The Tokyo Metropolitan Government said that a record high of 8,638 new coronavirus cases were confirmed in Japan's capital on Thursday.

Jan21,2022

CHECK! ▌▌▌▶

- [ ] **confirm** [kənfə́:rm] … ～を確認する
- [ ] **record high** … 過去最多の
- [ ] **the Tokyo Metropolitan Government** … 東京都庁
- [ ] **capital** [kǽpətl] … 首都

≡   訳出のポイント

- confirm は陳述、証拠、数値などが本当だと「確かめる」「確認する」という動詞です。そして、record high は「記録的に高い（多い）」→「過去最高（最多）の」という言い方。そこで、今日のタイトルは「東京は、過去最多の 8638 人の新しい新型コロナウイルス感染者を確認する」→「東京都は、過去最多の 8638 人の新型コロナ感染者を新たに確認する」ということですね。

- metropolitan の語源は「都会人」というギリシャ語 metropolites。ここから「主要都市の」「大都市の」「都会（人）の」という形容詞になっています。Tokyo Metropolitan Government で「東京都の政府」→「東京都庁」ということですね。

「東京都、新型コロナ 8638 人感染新たに確認、過去最多」

東京都庁は木曜日、日本の首都東京で過去最多である 8638 人の新型コロナウイルス感染が新たに確認されたと発表した。

2022 年 1 月 21 日

「東京」を意味する単語

capital は「首都」「首府」「州都」あるいは産業などの「中心地」を指す名詞。したがって Japan's capital は「日本の首都」、すなわち東京を意味していますね。

そして、本文の that 以下は "東京都庁が発表した内容" を表す文節となっています。

直訳すると「木曜日に、日本の首都（＝東京都）で過去最多の 8638 人の新たな新型コロナウイルス感染が確認された」。

つまり「木曜日に、日本の首都東京で過去最多である 8638 人の新型コロナウイルス感染が新たに確認された」というわけです。

Bitcoin Loses Almost 50% Value Since November Record High

Bitcoin has lost nearly half its value since hitting its record high in November as cryptocurrency prices continued to plunge on Saturday.

Jan24,2022

CHECK! ▌▌▌▶

- [ ] **almost** [ɔ́:lmoʊst] **(=nearly)** … ほとんど、ほぼ
- [ ] **lose half one's value** … 価値（時価総額）が半分に下がる
- [ ] **hit one's record high** … 過去最高を記録する
- [ ] **cryptocurrency prices** … 暗号通貨の価格
- [ ] **continue to plunge** … 急落し続ける

≡ 訳出のポイント

- record high は数量、金額などの「記録的な高さ」→「最高値」の意。タイトルの November record high は「11 月の過去最高値」、つまり「ビットコインが 11 月につけた過去最高値」ということですね。このあたりは、本文では since hitting its record high in November「11 月に過去最高値を記録して以来」と、より具体的に記述されています。

- continue to V は「〜し続ける」「継続して〜する」で plunge は「急に下がる」→「急落する」「暴落する」。したがって continued to plunge で「急落し続けた」→「急落が続いた」というわけです。

「ビットコイン、時価総額が 11 月の過去最高値からほぼ半減」

暗号通貨の価格の急落が土曜日も続く中、ビットコインの時価総額は昨年 11 月に過去最高値をつけて以来、ほぼ半減した。

2022 年 1 月 24 日

TODAY'S POINT
今日の
ポイント

「時価総額」として使われる value

value はもともと「価値」「値打ち」、あるいは「価格」「値段」という名詞です。

経済、金融関連では (aggregate) market value「時価総額」の意味で使われることも多い単語です。

そこで、lose half one's value は「価値の半分を失う」「価値が半分に下がる」→「時価総額が半減する」という言い方になっています。

U.S. Orders Families of Embassy Staff to Leave Ukraine

The U.S. State Department ordered the families of its embassy staff in Kiev to leave Ukraine amid heightened fears of a Russian military invasion.   Jan25,2022

CHECK! ▐▐▐▐▶

- ☐ **order**（人）**to V** … （人）に～するよう命ずる
- ☐ **embassy staff** … 大使館職員
- ☐ **the State Department** … 【米】国務省
- ☐ **Kiev** [kí:ef] … 【ウクライナ】キーウ
- ☐ **amid heightened fears** … 懸念が高まる中で
- ☐ **military invasion** … 軍事侵攻

≡   訳出のポイント

● 動詞 order は「注文する」という意味でもよく知られていますが、もともとは「（人に）～するように命じる」の意。order（人）to V で「（人）に～するように命じる」「（人）に～するように命令する」という言い方になっています。

● 「スタッフ」は日本語にもすでに浸透していますね。staff は「職員」「部員」「局員」「社員」を（集合的に）意味します。そこで、embassy staff は「大使館職員」「大使館員」ということです。タイトルでは order families of embassy staff to leave Ukraine で「大使館員の家族にウクライナから離れるように命ずる」→「大使館員の家族にウクライナから退避するように命ずる」→「ウクライナ駐在の大使館員家族に退避を命ずる」となっています。

「米、ウクライナ駐在の大使館員家族に退避命令」

ロシアによるウクライナへの軍事侵攻の懸念が高まる中で、米国務省はキーウの米大使館職員の家族に対し、同国から退避するよう命じた。

2022 年 1 月 25 日

TODAY'S POINT
今日の
ポイント

heightened fears の訳し方

heighten は「～を高くする」「～を高める」という動詞。その過去分詞が形容詞化した heightened は「高められた」「高まった」の意なので、amid heightened fears は「高まった懸念の中で」→「懸念が高まる中で」という言い方になるわけです。

そして、fears に続く of a Russian military invasion の部分は fears「懸念」の内容を説明しており「ロシアの軍事侵攻（の懸念）」→「ロシアによるウクライナへの軍事侵攻（の懸念）」ということですね。

したがって、本文後半の amid … 以下は「ロシアによるウクライナへの軍事侵攻の懸念が高まる中で」となっています。

U.S. Woman Finds $3m Lottery Ticket in Spam Email Folder

A Michigan woman accidentally found a
notification email telling her that
she won $3 million in the state lottery while
checking her spam folder.

Jan27,2022

CHECK! ▰▰▰▶

- [ ] **lottery ticket** … 宝くじ券
- [ ] **spam email folder** … 迷惑メールフォルダ
- [ ] **accidentally find** … 〜を偶然に見つける
- [ ] **notification email** … 通知メール
- [ ] **state lottery** …【米】州の宝くじ

☰ 訳出のポイント

● ticket は「切符」「券」を意味する名詞。a movie ticket「映画
（の入場）券」a bus ticket「バスの乗車券」などのように複合
語として用いることも多い単語です。今日の場合は、lottery が
「宝くじ」「富くじ」「抽選」の意なので (a) lottery ticket で「宝
くじ券」ということですね。

● spam「スパム」は勧誘などの営利目的で大量に送信される
「迷惑メール」。spam mail, spam email とも言います。また、
junk mail でも同じ意味になるので、あわせて確認しておきまし
ょう。

「米女性、『迷惑メールフォルダ』に 3.4 億円当選宝くじ」

米ミシガン州の女性が、迷惑メールフォルダを確認していて、州の宝くじで 300 万ドル（約 3.4 億円）当選したことを知らせる通知メールを偶然発見したという。

2022 年 1 月 27 日

TODAY'S POINT
今日の
ポイント

accidentally find ～
「偶然に～を見つける」

accidentally は「偶然に」「誤って」「ふとしたことから」という副詞。accidentally find ～で「偶然に～を見つける」という言い方になっています。ここでは、accidentally found a notification email で「通知メールを偶然に発見した」ということです。

そして、続く telling her that she won $3 million in the state lottery の部分は、直前の a notification email「通知メール」を説明する文節ですね。

つまり「彼女（＝ミシガン州の女性）に州の宝くじで 300 万ドル当選したことを告げる（通知メール）」というわけです。

February,2022

2022年2月

2日	東京都の人口、26年ぶりに減少
3日	日本の政治家・小説家の石原慎太郎氏が死去、89歳
7日	北京冬季五輪が開幕
8日	豪、外国人旅行者の受け入れ再開へ
10日	ワニの首にタイヤがはまって5年、やっと自由に
14日	北京五輪:日本の平野歩夢がハーフパイプ金
15日	将棋の藤井聡太さん、史上最年少5冠達成
16日	日本経済、第4四半期は5.4%増
22日	エリザベス英女王が新型コロナ陽性
28日	米と同盟国が対露制裁、SWIFTから排除

Tokyo's Population Shrinks for 1st Time in 26 Years

The population of Tokyo, Japan's capital, took a downward turn for the first time since 1996, amid the continuing coronavirus pandemic.

Feb2,2022

CHECK! ▮▮▮▮▶

- [ ] **population** [pàːpjəléiʃən] … 人口
- [ ] **shrink** [ʃríŋk] … 縮む → 小さくなる → 減少する
- [ ] **take a downward turn** … 減少に転ずる
- [ ] **amid the continuing coronavirus pandemic** … 新型コロナウイルス感染の大流行が続く中で

訳出のポイント

- population は「人口」「住民数」を意味する名詞。Tokyo's population あるいは the population of Tokyo で「東京都の人口」となっています。

- 動詞 shrink はものが「縮む」「小さくなる」の意。ここから量、価値などが「減少する」「減る」という意味でもしばしば使われます。今日のタイトルでは人口が「減少する」ですね。

- for the first time in _years は「__年で初めて」→「__ぶりに」という言い方なので、タイトル全体では「東京の人口が26年ぶりに減少する」となるわけです。

- downward は「下向きの」「下へ」で名詞 turn が「回転」「旋回」「方向転換」。そこで、a downward turn は「下向きの方向転換」。take a downward turn で「下向きの方向転換を取る」→「下向きに転ずる」→「減少に転ずる」という言い方になっています。

「東京都の人口、26年ぶりに減少」

新型コロナウイルス感染の大流行が続く中、日本の首都である東京都の人口が1996年以来初めて減少に転じた。

2022年2月2日

TODAY'S POINT
今日の
ポイント

continuing で「続いている」

「続く」「継続する」という動詞 continue の現在分詞が形容詞化した continuing は「続いている」「連続する」「継続している」の意。
amid the continuing coronavirus pandemic で「続いている新型コロナウイルス感染の大流行の中で」→「新型コロナウイルス感染の大流行が続く中で」ということです。

Japanese Politician and Novelist Shintaro Ishihara Dies at 89

Shintaro Ishihara, former Tokyo Metropolitan Governor and prestigious Akutagawa Prize winning novelist, died on Tuesday. He was 89.

Feb3,2022

CHECK! ▐▐▐▶

- [ ] **politician** [pàːlətíʃən] … 政治家
- [ ] **novelist** [náːvəlɪst] …（受賞歴のある）小説家、作家
- [ ] **former** [fɔ́ːrmər] … 元～
- [ ] **Tokyo Metropolitan Governor** … 東京都知事
- [ ] **prestigious** [prestíːdʒəs] … 名声のある、名誉ある
- [ ] **Akutagawa Prize winning** … 芥川賞を受賞した

訳出のポイント

- governor の語源は「統治者」「かじ取り」を意味するラテン語 gubenator。ここから米国では「州知事」、日本では都道府県の「知事」を指す語となっています。今日の場合は Tokyo Metropolitan Governor で「東京都知事」ということです。
- prestigious は「名声（名誉）のある」「一流の」「有名な」という形容詞。Akutagawa Prize は日本の文学賞である「芥川賞」（正式には「芥川龍之介賞」）ですね。
- winning は「勝利する」「受賞する」という動詞 win の現在分詞が形容詞化で「勝利した」「受賞した」の意。そこで、prestigious Akutagawa Prize winning novelist は「名誉ある芥川賞を受賞した小説家」ということですね。

「日本の政治家・小説家の石原慎太郎氏が死去、89歳」

元東京都知事で、名誉ある芥川賞を受賞した小説家の石原慎太郎氏が火曜日に死去した。89歳だった。

2022年2月3日

接尾辞 cian と ist

politics は「政治」「政界」。その後ろに「…に精通する人」という名詞を作る接尾辞 -cian が付いた politician は「政治（政界）に精通する人」→「政治家」ということですね。

一方、novelist の方は novel「小説」の後ろに「…に従事する人」という接尾辞 -ist が付いて「小説に従事する人」→「小説家」というわけです。

Beijing Winter Olympics Kick Off

The 2022 Winter Olympics formally got underway with the opening ceremony taking place on Friday at the Bird's Nest in Beijing.

Feb7,2022

CHECK! ▮▮▮▶

- ☐ **Winter Olympics** … 冬季オリンピック
- ☐ **kick off (=get underway)** … 開幕する
- ☐ **formally** [fɔ:rməli] … 正式に
- ☐ **opening ceremony** … 開会式
- ☐ **taking place** … 行われる、開催される
- ☐ **Bird's Nest** …【中国】『鳥の巣』＝北京国家体育場

☰ 訳出のポイント

- kick off はもともと、アメリカンフットボールやサッカーで（ボールを蹴って）「試合を開始する」という意味の成句。ここから、イベント、会合などが「始まる」「開始する」「開幕する」という意味でもよく使われる表現となっています。一方、underway は「進行中で」「移動中で」という副詞で、get underway だと「進行中になる」→「始まる」→「開幕する」。
- the Bird's Nest「鳥の巣」は Beijing National Stadium「北京国家体育場」の別称（ニックネーム）ですね。対訳ではわかりやすいように「『鳥の巣』こと北京国家体育場」と訳しています。
- 2022 年北京オリンピックが 4 日夜の開会式とともに開幕。会場となった「鳥の巣」は 2008 年夏の北京五輪でもメインスタジアムでした。夏と冬両方のオリンピックが同一都市で開かれるのはこの北京が史上初ということです。

「北京冬季五輪が開幕」

金曜日に「鳥の巣」こと北京国家体育場で開会式が行われ、2022 年冬の北京オリンピックが正式に開幕した。

2022 年 2 月 7 日

TODAY'S POINT
今日の
ポイント

付帯条件の with

今日の本文で登場している前置詞 with は【付帯条件】を表すものです。通例【 with ＋ N（名詞）＋ V（動詞現在分詞）】という形で「（名詞）が（動詞現在分詞）した状態で」→「N が V して」「N が V しながら」という意味になります。

ここでは、N = the opening ceremony「開会式」、V = taking place「行われる」なので、「開会式が行われて（北京五輪が正式に開幕した）」というわけです。

Australia to Reopen Borders to International Travelers

Australia will reopen its borders to fully vaccinated international travelers from February 21st, Prime Minister Scott Morrison announced on Monday.

Feb8,2022

CHECK! ▐▐▐▐▶

- [ ] **reopen borders** … 国境を再開する
- [ ] **international travelers** … 国際旅行者、外国人旅行者
- [ ] **fully vaccinated** … ワクチン接種を完了した
- [ ] **Prime Minister** … 首相

≡　　　　　　　　　　訳出のポイント

● fully vaccinated は「完全にワクチンを接種した」→「ワクチ ン接種を完了した」。したがって、本文の will reopen its borders to fully vaccinated international travelers の部分は 「ワクチン接種を完了した外国人旅行者の受け入れを再開する」 というわけです。

● オーストラリア政府は7日、新型コロナウイルスワクチン接種 完了を条件に、外国人旅行者の受け入れを21日から再開するこ とを発表しました。同国はコロナ対策として国境を閉鎖してか ら約2年。世界有数の観光大国である同国では、国境再開によ って観光業が復興し、海外からの移民・投資を再び呼び込むこ とが期待されています。

「豪、外国人旅行者の受け入れ再開へ」

オーストラリアは、ワクチン接種を完了した外国人旅行者の受け入れを2月21日から再開する。スコット・モリソン首相が月曜日に発表した。

2022年2月8日

TODAY'S POINT
今日の
ポイント

「~を再開する」 reopen

reopen は（閉めた後で）「~を再び開く」「~を再開する」という動詞。

border はもともと地域、平面の「へり」「縁」「端」を意味する名詞。ここから国、州、地方などの「境」「境界」「境界線」を指す語としてよく登場します。今日の場合は主語が Australia「オーストラリア」なので、borders は「国境」を意味していますね。

そこで、reopen borders は「（いったん閉めた）国境を再び開く」という表現になるわけです。

タイトルでは reopen borders to international travelers「外国人旅行者に対して国境を再び開く」→「外国人旅行者の（国内への）受け入れを再開する」ということですね。

Crocodile with Tire Around Neck Finally Freed after Five Years

A wild crocodile in Indonesia that had a motorcycle tire stuck around its neck for more than five years was finally captured, freed from the rubber ring, and released back into the river.   Feb 10,2022

CHECK! ▮▮▮▶

- ☐ **(wild) crocodile** [krɑ́ːkədàɪl] … （野生の）ワニ
- ☐ **(motorcycle) tire** [táɪər] … （バイクの）タイヤ
- ☐ **around neck** … 首の周りに
- ☐ **(be) freed (from)** … （～から）解放される
- ☐ **stuck** [stʌ́k] … 固定された
- ☐ **be captured** … 捕獲される
- ☐ **rubber ring** … ゴムの輪 → タイヤ
- ☐ **release back into the river** … 川に戻す

☰	訳出のポイント

● tire は「タイヤ」で、around neck は「首の周りに」なので、タイトルの crocodile with (a) tire around neck は「首の周りにタイヤをつけたワニ」→「首にタイヤがはまったワニ」ということですね。また、本文前半の A wild crocodile in Indonesia that had a motorcycle tire stuck around its neck for more than five years の部分は「5年以上、首の周りにバイクのタイヤが固定されたインドネシアの野生のワニ」→「インドネシアで5年以上前から首にバイクのタイヤがはまったままだった野生のワニ」というわけです。

「ワニの首にタイヤがはまって5年、やっと自由に」

インドネシアで5年以上前から首にバイクのタイヤがはまったままだった野生のワニがついに捕獲され、タイヤを外され、川に戻された。

2022年2月10日

TODAY'S POINT
今日の
ポイント

動詞としての free

「自由な」という形容詞としておなじみの free は「〜を自由にする」「〜を解放する」という動詞としても頻出です。そこで、(was) freed from the rubber ring は「そのゴムの輪（＝タイヤ）から解放された」→「(首にはまっていた)タイヤを外された」という意味になっています。

Beijing Olympics: Japan's Ayumu Hirano Wins Halfpipe Gold

Japan's Ayumu Hirano, a two-time Olympic silver medalist, took gold in the men's snowboard halfpipe at the Beijing Winter Olympics by pulling off 'the most difficult' run in the sport's history, including a triple cork.

Feb14,2022

CHECK! ▶

- [ ] **(snowboard) halfpipe** … スノーボード・ハーフパイプ
- [ ] **take gold** … 金（メダル）を獲得する
- [ ] **pull off** … 〜を成功させる
- [ ] **triple cork** …【スノーボード・技】トリプルコーク

☰ 訳出のポイント

- win (the) gold (medal) は「金メダルを獲得する」という言い方で、win のかわりに clinch を用いても同じ意味になります。今日の本文では基本動詞 take が使われています。take には「〜を取る」「〜を取り込む」という意味があるので、take gold (medal) で「金（メダル）をとる」→「金（メダル）を獲得する」。

- triple cork は正式には triple cork 1440 というスノーボードのハーフパイプ競技の大技のこと。cork とは corkscrew のことで、もともとはワインなどボトルの「コルク栓抜き」を意味します。ここから、ハーフパイプでは後方宙返りで後ろに回転する、いわゆるバク宙を指します。そして、triple が「3回の」という意味なので、triple cork は「3回のバク宙」。1440 は、それに横回転を加えた回転角度の合計です。

「北京五輪：日本の平野歩夢がハーフパイプ金」

これまで2度五輪銀メダルを獲得している日本の平野歩夢が、北京冬季オリンピックのスノーボード・ハーフパイプ男子で、トリプルコークを含む"史上最高難度"のランを成功させ、金メダルを獲得した。

2022年2月14日

TODAY'S POINT
今日の
ポイント

pull off のもうひとつの意味

pull off は「衣服などを脱ぐ」、道路の脇などに「車を止める」といった意味でも使われる成句ですが、今日の場合は困難な状況の中で「〜をうまくやる」「〜を成功させる」という意味になっています。
特に米会話ではよく使われる表現です。確認しておきましょう。

Sota Fujii Becomes Youngest Shogi Player with 5 Major Titles

Shogi prodigy Sota Fujii became the youngest player ever to hold five major titles in the traditional Japanese board game at the age of 19 years and 6 months.   Feb15,2022

CHECK! ▐▐▐▐▶

- [ ] **Shogi player** … 将棋の棋士
- [ ] **(hold) major title** … メジャータイトル（を保持する）
- [ ] **prodigy** [prá:dədʒi] … 神童、天才
- [ ] **traditional board game** … 伝統的なボードゲーム

☰　　　　　　　訳出のポイント

- shogi は日本語の「将棋」。英語でもそのまま用いられています。同じく traditional Japanese board game「伝統的な日本のボードゲーム（盤上遊戯）」である「碁」「囲碁」も同様に英語でも go と呼ばれるので、あわせて確認しておきましょう。そこで、shogi player だと「将棋のプレーヤー」→「将棋の棋士」。
- 将棋のプロの世界では、スポンサーがついて賞金が出る大会のことは「タイトル戦」と呼ばれ、「竜王」「名人」「王位」「王座」「棋王」「叡王」「王将」「棋聖」の８つのタイトル戦が「八大タイトル」となっています。今日の記事では、この「八大タイトル」のことを major titles と呼んでいるわけです。したがって、今日の見出しでは becomes youngest shogi player with 5 major titles で「（八大タイトルのうち）５つのタイトルを持つ最年少の棋士になる」→「最年少での５冠を達成する」となっています。

「将棋の藤井聡太さん、史上最年少５冠達成」

日本の伝統的なボードゲームである将棋界の神童・藤井聡太棋士が、19歳6ヶ月という史上最年少で5冠を達成した。

2022年2月15日

TODAY'S POINT
今日の
ポイント

prodigy の語源は「怪物」

prodigy の語源は「怪物」を意味するラテン語 prodigium。
ここから、「不思議なもの」「驚くようなもの」「驚異」という名詞になっています。
とりわけ「驚くような（優れた）子ども」→「神童」「天才（児)」という意味でよく使われる語でもあります。
今日の場合は Shogi prodigy で「将棋（界）の神童」「将棋の天才」ということですね。

Japan's Economy Expands 5.4% in Fourth Quarter

Japan's GDP increased at an annualized rate of 5.4% in the October-December quarter, thanks to improved consumer spending and exports, the Cabinet Office said on Tuesday.

Feb16,2022

CHECK! ▌▌▌▶

- ☐ **expand** [ɪkspǽnd] **(=increase)** … （経済が）拡大する、成長する
- ☐ **fourth (=October-December) quarter** … 第 4 四半期（10－12 月期）
- ☐ **GDP (gross domestic product)** … 国内総生産
- ☐ **at an annualized rate** … 年率に（換算）して
- ☐ **thanks to** … ～のおかげで
- ☐ **improved** [ɪmprúːvd] … 改善された → 回復した
- ☐ **consumer spending** … 消費者支出、個人消費
- ☐ **exports** [ɪkspɔ́ːrts] … 輸出
- ☐ **(the) Cabinet Office** … 【日本】内閣府

☰	訳出のポイント

● thanks to ～ は「～のおかげで」という表現。文脈によっては「～の結果」「～を受けて」のように訳すこともありますが、基本的に、主文がポジティブな内容であることが前提で使われる表現です。その点、注意しておきましょう。したがって、本文半ばの thanks to improved consumer spending and exports の部分は「回復した個人消費と輸出のおかげで」→「個人消費と輸出が回復した結果」というわけですね。

「日本経済、第4四半期は5.4%増」

10－12月期の日本の国内総生産（GDP）は、個人消費と輸出が回復した結果、年率に換算して5.4%増となった。火曜日に内閣府が発表した。

2022年2月16日

経済用語としての quarter

quarter はもともと「4分の1」「4半分」を意味する名詞。ここから、経済、金融関連の記事では1年を4期に分けた「四半期」という意味でよく登場する単語にもなっています。

今日のタイトルでも (the) fourth quarter で「4番目の四半期」→「第4四半期」ですね。

欧米では、このように the first quarter「第1四半期」the second quarter「第2四半期」the third quarter「第3四半期」という言い方が一般的になっています。

一方、日本では「1－3月期」「4－6月期」「7－9月期」という表現の方がよく使われますね。今日の場合も、タイトルの fourth quarter「第4四半期」は本文では the October-December quarter「10－12月期」と言い換えられていますが、意味的には同じですね。

Britain's Queen Elizabeth Tests Positive for Coronavirus

Britain's Queen Elizabeth, the 95-year-old sovereign who is celebrating her 70th year on the throne, has been infected with the coronavirus, Buckingham Palace announced on Sunday.   Feb 22, 2022

CHECK! ▶

- [ ] **test positive for** … 〜の検査で陽性反応が出る
- [ ] **sovereign** [sá:vərən] … 君主
- [ ] **celebrate one's _th year on the throne** … 即位__年を迎える
- [ ] **be infected with** … 〜に感染する
- [ ] **Buckingham Palace** …【英】バッキンガム宮殿

☰   訳出のポイント

- sovereign の語源は「主要な」「第一の」という古フランス語 soverain。ここから、emperor, king, queen など「君主」「主権者」「統治者」「支配者」を意味する単語となっています。今日の場合は、イギリスのエリザベス女王を指して the 95-year-old sovereign「95歳の（イギリスの）君主」。

- infect は病気、ウイルスなどが「〜に伝染する」、病気、ウイルスなどを「〜に感染させる」という動詞。受動態の be infected with 〜「〜に感染させられる」→「〜に感染する」という形で用いられることが多いので注意しましょう。そこで has been infected with the coronavirus は「新型コロナウイルスに感染した」というわけです。

「エリザベス英女王が新型コロナ陽性」

95歳の君主として即位70年を迎えているイギリスのエリザベス女王が、新型コロナウイルスに感染した。バッキンガム宮殿が日曜日に発表した。

2022年2月22日

TODAY'S POINT
今日の
ポイント

いすを意味していた throne

throne はもともと特別な儀式で王、女王、教皇、司教などが座るいすである「王座」「教皇聖座」「司教座」を指す名詞。転じて「王権」「王位」「君主の地位」を意味するようになっています。

ここから (be) on the throne は「王位についている」「君主の地位についている」という言い方です。

celebrate one's _th year on the throne だと「君主の地位について__回目の年を祝福する」→「即位__年を迎える」となるわけです。したがって [,] にはさまれた the 95-year-old sovereign who is celebrating her 70th year on the throne の部分は「即位70年を迎えている95歳の君主」。

これは直前の Britain's Queen Elizabeth「イギリスのエリザベス女王」を説明する文節なので、あわせて「即位70年を迎えている95歳の君主であるイギリスのエリザベス女王」→「95歳の君主として即位70年を迎えているイギリスのエリザベス女王」となっています。

U.S. and Allies to Sanction Russia, Expelling It from SWIFT

The United States, European Union and United Kingdom on Saturday agreed to remove some Russian banks from the SWIFT, blocking their access to the global financial system, on the third day of the Russian invasion of Ukraine.

Feb28,2022

CHECK! ▶

- [ ] **ally** [ǽlaɪ] (複数形：**allies**) … 同盟国
- [ ] **sanction** [sǽŋkʃən] …【動詞】～に制裁措置をとる
- [ ] **expel** [ikspél] … ～を追放する
- [ ] **SWIFT** … 国際銀行間通信協会
- [ ] **remove A from B** … A を B から排除する
- [ ] **block one's access** … アクセスを遮断する
- [ ] **global financial system** … 国際金融システム
- [ ] **invasion** [ɪnvéɪʒən] … 侵攻

☰　　　　　　訳出のポイント

- expel は場所、団体などから「～を追い出す」「～を除名する」という動詞。expel it from SWIFT で「それ（＝ロシア）をSWIFT から追い出す」→「ロシアを SWIFT から排除する」。
- SWIFT は Society for Worldwide Interbank Financial Telecommunication の略。日本では「国際銀行間通信協会」と呼ばれています。ベルギーに本部を置く国際協同組合で、世界中の銀行間の金融取引の仲介および実行を行う団体です。

「米と同盟国が対露制裁、SWIFT から排除」

ロシアによるウクライナ侵攻から3日目の土曜日、米、欧州連合および英国はロシアの複数の銀行を国際銀行間通信協会（SWIFT）から排除し、国際金融システムへのアクセスを遮断することで合意した。

2022年2月28日

TODAY'S POINT
今日の
ポイント

名詞も動詞も怖い sanction

● sanction は英字新聞では、「制裁」「制裁措置」という名詞としてよく登場しますね。今日のタイトルでは「～を制裁する」「～に制裁措置をとる」という動詞として用いられているので注意しましょう。
sanction Russia で「ロシアに制裁措置をとる」「ロシアに制裁を課す」ということですね。

あの記事をさらに深掘り!

●日本の愛子内親王、成年行事に臨まれる（14 ページ）

2021 年 12 月 1 日に 20 回目の誕生日を迎えられた愛子さま。学習院大学の 2 年生で、この日は平日で授業があるため、5 日の日曜日に成年行事が行われました。愛子さまは今後、成年皇族として公務に臨むことになります。成年行事をめぐっては、ティアラを新調せず黒田清子さんのものを借用されたことが話題になりましたね。

●日本で『ポテトショック』（30 ページ）

コロナ禍による世界的な物流網の混乱が、大手ハンバーガーチェーン、マクドナルドのフライドポテトの販売に及んでいるという話題。日本マクドナルドでは、北米からの原料輸入に遅延があるとして 12 月 24 日から M サイズと L サイズのフライドポテトの販売を一時休止。対象になるのは日本全国に約 2900 あるすべての店舗で、休止期間は 1 週間の予定ということです。新型コロナの影響でコンテナ不足など世界的に物流網が混乱していることに加え、輸送の経由地であるカナダ西海岸の港近くで前月、大規模な洪水が発生したため、原料の加工ジャガイモの輸入に遅れが出ているためだといいます。

マクドナルドのポテト、揚げたては本当に無敵とも言える美味しさですが、身体にはよくないんだろうなぁ……と思いながらも時々ウーバーで注文するときは必ずポテト M サイズを頼んでいます……。

●ゴールデングローブ、『ドライブ・マイ・カー』が非英語映画賞を受賞（40 ページ）

2022 年 1 月 9 日に発表された米ゴールデングローブ賞で、濱口竜介監督、西島秀俊さん主演の『ドライブ・マイ・カー』が、非英語映画賞を受賞しました。日本作品では 1960 年の市川崑監督の「鍵」以来 62 年ぶりの快挙です。

「ドライブ・マイ・カー」はビートルズの曲名ですが、映画の原作は

村上春樹の短編です。昔読んだ記憶があるのですが内容はすっかり忘れていました。

●**日本の政治家・小説家の石原慎太郎氏が死去、89 歳**（60 ページ）

元東京都知事の石原慎太郎氏の訃報でした。氏は 1956 年、一橋大学在学中に発表した小説「太陽の季節」で芥川賞を受賞しました。20 代で人気作家となり原稿料も高く、その印税で逗子に、広大な庭とプールがある自宅を建てたそうです。それまでは崖の下の家で、薄暗く、子どもたちが病弱だったので子供のために建てたとか……。しかし、実際は、家のスペースは書斎や書庫などほとんど慎太郎氏向けに作られ、子どもたちは小さいスペースで生活していた、と石原良純氏は語っています（笑）。政治家としては、1968 年に参議院議員に初当選した後、1972 年に衆議院に鞍替えし環境庁長官や運輸大臣を歴任。都知事時代には、東京マラソンを創設し国際的なイベントへ育てる一方、中国への批判的な発言などが波紋を呼びました。海外での訃報でもChina antagonist「中国敵対主義者」nationalist firebrand「ナショナリズム扇動者」といった記述が目立っています。2014 年の政界引退後は執筆活動を続けていましたが、近年、すい臓がんを患っていたということです。ご冥福をお祈りいたします。

●**将棋の藤井聡太さん、史上最年少 5 冠達成**（70 ページ）

第 71 期王将戦七番勝負の第 4 局で、挑戦者の藤井聡太八棋士が渡辺明王将を破り 4 連勝で王将を奪取。竜王、王位、叡王、棋聖に王将を加えて、5 冠となりました。5 冠を達成したのは将棋史上 4 人目で、19 歳 6 ヶ月の藤井 5 冠は、羽生善治九段の 22 歳 10 ヶ月の記録を 28 年ぶりに更新。史上初の「10 代 5 冠」の誕生です。まさに shogi prodigy（将棋界の神童）と呼ぶにふさわしい躍進ぶりですね。

March,2022

2022年3月

Ukraine Invasion: Putin Puts Nuclear Forces on Special Alert

Russian President Vladimir Putin ordered its nuclear deterrent forces put on special alert on Sunday amid a dramatic escalation of East-West tensions over its invasion of Ukraine.

Mar1,2022

CHECK! ▒▒▒▶

- ☐ **invasion** [ɪnvéɪʒən] … 侵略、侵攻
- ☐ **put (〜) on special alert** … (〜を) 特別警戒態勢に置く
- ☐ **nuclear (deterrent) forces** … 核 (抑止) 戦力、部隊
- ☐ **dramatic escalation** … 劇的な高まり
- ☐ **East-West tensions** … 東西緊張

≡　　　　　　　訳出のポイント

● force はもともと物理的な「力」「強さ」「勢い」を意味する名詞。しばしば (the) force あるいは (the) forces と複数形で「軍事力」「兵力」「武力」および「軍隊」「部隊」「艦隊」という意味で使われます。今日の記事では nuclear forces (タイトル) で「核戦力」「核部隊」、nuclear deterrent forces (本文) で「核抑止部隊」となっています。

● put は物などを「置く」という意味の基本動詞としてよく知られているかと思います。今日の場合は物、人を「ある状態に置く」「ある状態にさせる」という意味で登場しているので注意しましょう。

「ウクライナ侵攻：プーチン氏核戦力を特別警戒態勢に」

ロシアのウクライナ侵攻をめぐり東西の緊張が劇的に高まる中、ウラジーミル・プーチン露大統領は日曜日、核抑止部隊に特別警戒態勢を取るように命じた。

2022 年 3 月 1 日

TODAY'S POINT
今日の
ポイント

「特別警戒態勢」 を英語で言うと

on alert は「警戒して」「警戒態勢で」という表現なので、on special alert だと「特別に警戒して」→「特別警戒態勢で」となります。

そこで、put on special alert は「特別警戒態勢の状態に置く」→「特別警戒態勢を取る」「特別警戒態勢に入る」という言い方になるわけです。

また、put 〜 on special alert だと「（〜を）特別警戒態勢に置く」→「〜に特別警戒態勢を取らせる」となっています。

Japanese Billionaire Yusaku Maezawa Is Putting up a Basquiat for Auction

Japanese billionaire Yusaku Maezawa is putting up one of the artworks by Jean-Michel Basquiat for auction at Phillips in New York in May. It is estimated to sell for around $70 million.

Mar3,2022

CHECK! ▮▮▮▮▶

- [ ] **billionaire** [bìljənéər] … 億万長者
- [ ] **(Jean-Michel) Basquiat** … ジャン＝ミシェル・バスキア
- [ ] **put up ～ for auction** … ～を競売に出す
- [ ] **artwork** [ɑ́ːtwəːk] **(s)** … （芸術）作品
- [ ] **Phillips** [fílɪps] …【英競売会社】フィリップス
- [ ] **(be) estimated to** … ～と予想される
- [ ] **sell for $_** … ＿ドルで落札される

≡	訳出のポイント

- 成句 put up ～はいろいろな意味で使われますが、そのうちの一つに「～を売りに出す」があります。今日の場合は put up ～ for auction で「～をオークションに出す」→「～を競売に出す」という言い方になっていますね。

直訳すると「日本人億万長者の前澤友作氏が、ジャン＝ミシェル・バスキア作品の一つを5月にニューヨークのフィリップスで競売に出す。予想落札価格はおよそ 7000 万ドル（約 80 億円）である」。ただし日本語では「（人）が～を競売にかける」よりも「（人）の～が競売にかけられる」という表現が一般的である（好まれる）点を踏まえ、対訳は工夫しています。

「前澤友作氏、バスキア作品を競売へ」

日本人億万長者の前澤友作氏が所蔵するジャン＝ミシェル・バスキア作品の一つが競売にかけられる。オークションは5月にニューヨークのフィリップスで行われ、予想落札価格はおよそ7000万ドル（約80億円）だという。

2022年3月3日

TODAY'S POINT
**今日の
ポイント**

冠詞 a のニュアンス

Jean-Michel Basquiat は米現代画家の「ジャン＝ミシェル・バスキア」。タイトルでは a Basquiat (artwork)で「バスキアの作品の一つ」ということです。

ここでは、冠詞 a によって今回売りに出されるのが "複数あるバスキア作品の中の一つ" ということがわかるわけです。対訳で訳出はしていませんが、ニュアンスとして理解しておきたいポイントですね。

この部分は、本文で one of the artworks by Jean-Michel Basquiat「ジャン＝ミシェル・バスキアによる作品の一つ」→「ジャン＝ミシェル・バスキア作品の一つ」と、より明白に表現されています。

TikTok's Impact on Children Being Investigated

A consortium of U.S. states announced a joint investigation into TikTok for its potentially harmful impact on young users, as the China-based SNS has boomed quickly in popularity especially among children.   Mar4,2022

CHECK! ▮▮▮▮▶

☐ **impact** [ímpækt] … 影響
☐ **investigate** [invéstəgèit] … ～を調査する
☐ **consortium** [kənsɔ́ːrʃiəm] … 連合、団体
☐ **joint investigation** … 共同調査
☐ **potentially harmful** … 有害かもしれない
☐ **China-based** … 中国を拠点とする
☐ **boom in popularity** … 人気を呼ぶ
☐ **especially among children** … 子どもの間で特に

☰   訳出のポイント

● impact の語源は「衝突した」という意味のラテン語 impactus。ここから「衝撃」「衝突」という名詞になっており「影響」「影響力」という意味合いでもよく使われる単語です。impact on children で「子どもに対する影響」「子どもへの影響」ということですね。

● potentially は「潜在的に」「もしかすると」という副詞で harmful は「有害な」「害を及ぼす」という形容詞。そこで、potentially harmful impact は「潜在的に有害な影響」「もしかしたら有害な影響」→「悪影響（を及ぼす）可能性」。

≡ 対訳

「TikTok の子どもへの影響を調査」

中国を拠点とする SNS の TikTok が特に子どもの間で急激に人気を博す中で、米国の複数州からなる団体が、TikTok が若年ユーザーに対して悪影響を及ぼす可能性についての共同調査を発表した。

2022 年 3 月 4 日

TODAY'S POINT
今日の
ポイント

「ブーム」はハチの羽音から?

boom の語源は「ブンブン」「ブーン」という擬音語。ここから、大砲、雷などの「とどろき」「唸り」、ハチなどの「羽音」を表す名詞ですが、「にわか景気」「急発展」の意味でもよく使われます。

日本語の「ブーム」はここから来たものですね。

今日の場合は「にわかに景気づく」「急に有名になる」「人気が出る」という動詞として、boom in popularity で「人気を呼ぶ」「人気に沸く」という言い方になっています。

Oil Prices Plunge as UAE Supports Production Boost

Global crude oil prices plunged on Wednesday after the United Arab Emirates, a powerful member of OPEC, said it would support increasing production.

Mar11,2022

CHECK! ▸

- ☐ **(crude) oil prices** … 原油価格
- ☐ **plunge** [plʌ́ndʒ] … 急落する
- ☐ **UAE (United Arab Emirates)** … アラブ首長国連邦
- ☐ **production boost (=increasing production)** … 増産
- ☐ **powerful** [páuərfl] … 大きな影響力を持つ
- ☐ **OPEC** [óupek] … 石油輸出国機構、オペック

☰　訳出のポイント

- 「油」という意味の oil は「石油」を指して使われることも多いので注意しましょう。また、「原油」は crude oil ですが、oil だけでもしばしば「原油」の意味になります。今日の記事ではタイトルの oil prices および本文頭の crude oil prices はともに「原油価格」の意味になっています。

- powerful は「強力な」「力強い」という形容詞。議論や演説について「説得力のある」「人を動かす」、薬などが「効能がある」「効力が強い」、あるいは人、国などが「勢力がある」「影響力がある」→「影響力が強い」という意味合いでもよく使われる単語となっています。

  今日の場合は a powerful member of OPEC で「OPEC の影響力があるメンバー（＝加盟国）」→「OPEC で大きな影響力を持つ加盟国」ということですね。

「原油価格が急落、UAE の増産支持で」

石油輸出国機構（OPEC）で大きな影響力を持つ加盟国のアラブ首長国連邦が、原油増産への支持を表明したのを受け、水曜日に世界の原油価格は急落した。

2022 年 3 月 11 日

TODAY'S POINT
**今日の
ポイント**

頻出単語 boost

boost はもともと「〜を下（後ろ）から押し上げる」という動詞。ここから、値段などを「上げる」「〜を増加する」「〜を高める」という意味で頻出の動詞となっています。
そして、「押し上げること」→「上昇」「増加」という名詞にもなるので、注意しましょう。
今日のタイトルでは production boost で「生産の増加」→「増産」ということですね。また、本文末尾では increasing production「生産を増やすこと」→「増産」と言い換えられています。

A Woman Interrupts Russian State TV News Show with "NO WAR" Sign

A woman holding an anti-war sign ran onto the set of a live news broadcast on Russian state-controlled television Monday evening, denouncing the Kremlin's invasion of Ukraine.

Mar16,2022

CHECK! ▐▐▐▐▶

- [ ] **interrupt** [ìntərʌ́pt] … ～を邪魔する、中断させる
- [ ] **state(-controlled) TV(=television)** … 国営(政府系)テレビ
- [ ] **hold** [hóuld] … ～を手に持つ
- [ ] **anti-war sign** … 戦争反対のプラカード
- [ ] **run onto** … ～へ飛び込む
- [ ] **live broadcast** … 生放送
- [ ] **denounce** [dɪnáuns] … ～を非難する

☰   訳出のポイント

- interrupt は「～を邪魔する」「～を妨げる」「～を中断させる」。
- 「生きている」という意味の形容詞、live は「生放送の」「実況中継の」「ライブの」という意味でもしばしば用いられますね。live news broadcast は「ニュース（番組）の生放送」→「生放送ニュース番組」ということです。
- denounce の語源は「悪意をこめて知られる」という意味のラテン語 denuntiare。ここから人や行為を（公然と）「非難する」悪事などを「公表する」「暴露する」という動詞となっています。したがって、本文末尾の denouncing... 以下は「クレムリン（＝ロシア政府）のウクライナ侵攻を非難した」。

≡ 対訳

「ロシア国営 TV のニュース番組が中断、『反戦』 プラカード掲げた女性登場で」

月曜夜に、戦争反対のプラカードを掲げた女性がロシアの政府系テレビ局の生放送ニュース番組のセットに突然入り込み、同政府によるウクライナ侵攻を非難した。

2022 年 3 月 16 日

TODAY'S POINT

今日の
ポイント

run onto は勢いよく

run onto 〜は勢いよく、あるいは突然「〜へ駆け込む」「〜へ飛び込む」という言い方。

そこで、ran onto the set of a live news broadcast の部分は「生放送のニュース番組のセットへ駆け込む」→「生放送ニュース番組のセットに入り込む」というわけです。

From 2025, Bentley to Roll out One Electric Car Annually for Five Years

Britain's luxury car manufacturer Bentley unveiled its plans to develop a new electric model annually for five years starting from 2025.

Mar17,2022

CHECK! ▮▮▮▮▶

- [ ] **Bentley** [béntlɪː] … ベントレー
- [ ] **roll out** … ～を発売する
- [ ] **electric car** … 電気自動車
- [ ] **annually** [ǽnjuəli] … 毎年
- [ ] **luxury car manufacturer** … 高級車メーカー
- [ ] **unveil one's plans** … 計画を明らかにする

☰　　　　　　　訳出のポイント

- roll out ～の原意は「～を転がして出す」。ここから、新製品や映画の新作などを「公開する」「発売する」という意味でもしばしば使われる表現となっています。そこで、タイトルの roll out one electric car annually は「毎年（ひとつの）電気自動車を発売する」ということですね。ちなみに annually は「毎年」「年に1回」という副詞です。

- unveil は「ベール（覆い）をはずす」→「～を明らかにする」「～を公表する」という意味で、英字新聞でも頻出の重要動詞。unveil one's plans で「計画を明らかにする」「計画を公表する」という言い方になっています。

「ベントレーが電気自動車を毎年発売、 2025年から5年間」

英国の高級車メーカー・ベントレーが、2025年から毎年 1つずつ、新モデルの電気自動車を開発する計画を明ら かにした。

2022年3月17日

TODAY'S POINT
今日の ポイント

形容詞的に使われる名詞 luxury

luxury は「豪華さ」「快適な状態」「贅沢（さ）」を意味す る名詞。ここから、「豪華な」「贅沢な」と形容詞的に使わ れることも多い単語です。

実は luxury には luxurious という形容詞形もあるのです が、luxury の方が語調が強く、直接的に響くことから、特 に広告などでは多用される傾向があります。

また、形容詞的に使われているときには「高級な」という 日本語訳がしっくりくる場合が多いことも注意しておきま しょう。luxury car は「高級車」、luxury car manufacturer は「高級車メーカー」ということです。

Japan's Derailed Bullet Train to Take 2 Weeks to Remove

East Japan Railway Company said it will take at least two weeks to remove the bullet train that derailed due to the 7.4 magnitude earthquake in northeast Japan on Wednesday.

Mar22,2022

CHECK! ▌▌▌▶

- ☐ **derailed bullet train** … 脱線した新幹線
- ☐ **take** [téɪk] … (時間が) かかる
- ☐ **remove** [rɪmúːv] … ～を撤去する
- ☐ **East Japan Railway Company** … JR 東日本
- ☐ **due to** … ～のために

☰ 訳出のポイント

● derail は列車などを「脱線させる」という動詞なので、その過去分詞が形容詞化した derailed は「脱線した」。derailed bullet train で「脱線した新幹線」ということです。

● due to ～ は理由を表す表現で「～が理由で」「～のために」「～によって」の意。したがって、(derailed) due to the 7.4 magnitude earthquake... 以下は「水曜日の日本北東部のマグニチュード7.4の地震によって（脱線した）」→「水曜日に日本北東部で発生したマグニチュード7.4の地震のために（脱線した）」というわけです。

「脱線した日本の新幹線、撤去に少なくとも2週間」

JR東日本によると、水曜日に日本北東部で発生したマグニチュード7.4の地震のために脱線した新幹線を撤去するのに、少なくとも2週間かかるという。

2022年3月22日

TODAY'S POINT
今日の
ポイント

さまざまな意味で用いられる基本動詞 take

take は本当にさまざまな意味で用いられる基本動詞です。その中でも、今日の場合は「〜を必要とする」という意味で登場していますね。つまり、take ＿ to V で「V するのに＿（時間・労力・勇気など）を必要とする、かかる」という意味合いです。

また、この場合は通例、主語が it になることも再確認しておきましょう。

そこで、it will take at least two weeks to remove the bullet train の部分は「新幹線を撤去するのに少なくとも2週間かかる」となっています。

ちなみに remove は「〜を取り去る」「〜を取り除く」という動詞。今日の話題は「脱線した新幹線」なので、「（脱線した）新幹線を取り除く」→「（脱線した）新幹線を撤去する」と訳すのが適切でしょう。

Japan Faces Power Shortage after Quake

Neon signs were turned off, heat and lights turned down in Tokyo and the surrounding 8 prefectures on Tuesday after the Japanese government issued an urgent call to save electricity to avoid blackouts as an earthquake last week caused a serious power shortage.

Mar24,2022

CHECK! ▐▐▐▐▶

- [ ] **face power shortage** … 電力不足に直面する
- [ ] **turn off neon signs** … ネオンサインを消す
- [ ] **turn down heat (lights)** … 暖房（明かり）を弱くする
- [ ] **surrounding** [səráundıŋ] … 周囲の、近隣の
- [ ] **issue an urgent call** … 緊急の要請を行う
- [ ] **save electricity** … 節電する
- [ ] **avoid blackouts** … 停電を回避する

≡　訳出のポイント

- power はしばしば electric power「電力」の意味で使われます。そして、shortage は必要なものの「不足」「欠乏」の意味なので、power shortage で「電力不足」ということですね。

- blackout はもともと「消灯」「灯火管制」を意味する名詞。ここから「停電」という意味でよく使われる単語となっています。

- save の本義は「人や物を危険・損失などから救う、守る」。労力、時間、金などを「省く」「節約する」という意味でもよく使われます。save electricity で「電気を節約する」→「節電する」。

「地震後の日本、電力不足に直面」

先週の地震が深刻な電力不足を引き起こしたため、日本政府は停電を回避するべく緊急の節電要請を行った。これを受け、火曜日の東京および近隣8県ではネオンサインが消され、暖房が弱められ、明かりは暗くされた。

2022年3月24日

TODAY'S POINT
今日の
ポイント

turn off と turn down

turn off は水・ガスなどを「止める」、明かり、テレビ、ラジなどを「消す」という成句。

turn down はガス、明かりなどを「弱くする」、ラジオやテレビの音などを「小さくする」「低くする」という意味に使います。

今日の本文の頭では、受動態で Neon signs were turned off, heat and lights (were) turned down すなわち「ネオンサインが消され、暖房や明かりが弱くされた」ということですね。

ちなみに、heat は「熱」「熱源」「温度」「熱さ」などの意味でおなじみの名詞ですが、特に the heat で部屋などの「暖房」の意味になるので注意しましょう。

例えば turn on the heat だと「暖房（器具のスイッチ）を入れる」「暖房をつける」という言い方になるわけです。

Zelenskyy Delivers Virtual Address to Japanese Diet

Ukrainian President Volodymyr Zelenskyy delivered a virtual address to the Japanese Diet on Wednesday, appealing to the lawmakers to continue sanctions in protest against Russia's invasion of Ukraine.　　　　Mar25,2022

CHECK! ▐▐▐▐▶

☐ **deliver a virtual address** … オンライン演説を行う
☐ **Diet** [dáɪet] … 国会(「国会」の意味の場合は頭文字が大文字に)
☐ **appeal 〜 to V** … 〜に V するよう訴える
☐ **lawmaker(s)** [lɔ́:mèɪkə] … 議員
☐ **sanctions** [sǽŋkʃənz] … 制裁
☐ **in protest against** … 〜に抗議して
☐ **invasion** [ɪnvéɪʒən] … 侵攻

≡　　　　　訳出のポイント

● 「配達する」「届ける」という意味でおなじみの deliver。
意見、見識などを「(人に)届ける」→「述べる」、演説、講演などを「(人に)届ける」→「行う」という意味でもしばしば使われます。address は「演説」なので、virtual address は「バーチャル演説」→「ビデオ演説」「オンライン演説」ということです。そこで deliver a virtual address to 〜は「〜に対してオンライン演説を行う」となります。

● appeal (人) to V で「(人)に V するよう訴える」「(人)に V するよう要請する」という言い方。appealing to the lawmakers to continue sanctions の部分は「議員らに制裁を継続するよう訴える」ということです。

「ゼレンスキー大統領、日本の国会でオンライン演説」

ウクライナのウォロディミル・ゼレンスキー大統領は水曜日、日本の国会でオンライン演説を行い、ロシアのウクライナ侵攻に抗議するための制裁を継続するよう議員らに訴えた。

2022 年 3 月 25 日

TODAY'S POINT
今日の
ポイント

「ダイエット」のもう一つの意味

diet といえば「ダイエット」「食事療法」「減食」という意味の名詞としてよく知られていますね。今日の場合は、同一スペルの異なる名詞 Diet。米国では congress 英国では parliament を使う「国会」「議会」ですが、日本やデンマークなど一部の国の「国会」「議会」については、この Diet を使っています。したがって Japanese Diet で「日本の国会」ということですね。

Will Smith Slaps Chris Rock in the Face on Oscars Stage

Will Smith slapped Chris Rock in the face on stage during the Oscars ceremony after the comic made a joke about the actor's wife Jada Pinkett Smith.   Mar29,2022

CHECK! ▮▮▮▮▶

☐ **slap**（人）**in the face** … （人）の顔をひっぱたく
☐ **Oscars (ceremony)** … アカデミー賞（授賞式）
☐ **comic** [kɑ́:mɪk] … コメディアン
☐ **make a joke about** … 〜についてジョークを言う

☰	訳出のポイント

● Oscar「オスカー」は「アカデミー賞」の別称なので、on Oscars stage だと「アカデミー賞の壇上で」というわけです。今日の本文は、そのまま訳すと「アカデミー賞授賞式の壇上で、コメディアンのクリス・ロックが俳優ウィル・スミスの妻ジェイダ・ピンケット・スミスに関するジョークを飛ばした後に、スミスがロックの顔を平手打ちにした」と、なんともわかりづらい日本語になってしまいます。そこで、対訳では、2つの文に分けて「アカデミー賞授賞式の壇上で、俳優のウィル・スミスがコメディアンのクリス・ロックの顔を平手打ちした。（それは）ロックがスミスの妻ジェイダ・ピンケット・スミスに関するジョークを飛ばした後のことだった」→「アカデミー賞授賞式の壇上で、俳優のウィル・スミスがコメディアンのクリス・ロックの顔を平手打ちした。この騒動は、ロックがスミスの妻ジェイダ・ピンケット・スミスに関するジョークを飛ばした後に起きた」としています。

「ウィル・スミス、アカデミー賞壇上でクリス・ロックに平手打ち」

アカデミー賞授賞式の壇上で、俳優のウィル・スミスがコメディアンのクリス・ロックの顔を平手打ちした。この騒動は、ロックがスミスの妻ジェイダ・ピンケット・スミスに関するジョークを飛ばした後に起きた。

2022 年 3 月 29 日

TODAY'S POINT
今日の
ポイント

動詞としての slap

slap はもともと「平手打ち」「（平たいもので）ピシャリと打つこと」あるいは「ピシャリと打つ音」を意味する名詞。ここから、平手や平たいもので「～をピシャリと打つ」という動詞としても使われます。

そこで slap（人）in the face で「（人）の顔をピシャリと打つ」「人（の顔）をひっぱたく」「（人）の顔を平手打ちにする」「（人）にビンタを食らわす」という言い方になっています。

UK Seizes Russian-owned Luxury Yacht

British authorities have seized a 38m pound Russian-owned mega yacht that has been anchored in London as a part of sanctions against Moscow over its invasion of Ukraine.

Mar31,2022

CHECK! ▐▐▐▐▶

- [ ] **seize** [síːz] … ～を差し押さえる
- [ ] **Russian-owned** … ロシア人が保有する
- [ ] **luxury yacht** … 豪華ヨット
- [ ] **authorities** [əθɔ́ːrətiz] … 当局
- [ ] **be anchored** … (船などが) 停泊している
- [ ] **as a part of sanctions against** … ～に対する制裁の一環として

☰　　　　　　　訳出のポイント

- seize の語源は「手に入れる」「押収する」という中世ラテン語 sacire。ここから、物、人、体の部分などを「急にグイッとつかむ」「つかみ取る」という動詞になっています。また、(法的に) 物件、財産を「押収する」「差し押さえる」。

- 「～を所有する」という動詞 own の過去分詞 owned はその形で「……が所有している」「……保有の」という複合語を作る形容詞になっています。そこで、Russian-owned は「ロシア人が所有している」「ロシア人保有の」。

- anchor は船などの「いかり」。船を「いかりで固定する」「いかりを下ろす」という動詞にもなります。be anchored で船などが「いかりで固定されている」→「停泊している」。

「イギリス、ロシア人保有の豪華ヨットを差し押さえ」

ロシアによるウクライナ侵攻をめぐる同国への制裁の一環として、イギリス当局はロンドンに停泊していたロシア人保有の3800万ポンド（約61億円）相当の巨大ヨットを差し押さえた。

2022年3月31日

TODAY'S POINT
今日の
ポイント

当局と訳す authority

authority はもともと地位などによる「権威」「権力」「影響力」を意味する名詞。
しばしば (the) authorities と複数形で日本語の「当局」「官憲」「その筋」に当たる表現として用いられるので、しっかり確認しておきましょう。
今日の場合は British authorities で「イギリス当局」というわけです。

April,2022

2022年4月

1日　ブルース・ウィリス、失語症で俳優業引退

4日　ハッブル望遠鏡、観測史上最も遠い恒星を発見

8日　日本円の下落続く

11日　ボリス・ジョンソン英首相、キーウ電撃訪問

12日　マスターズ: スコッティ・シェフラーがメジャー初V

13日　日本でオミクロンXE型感染者、初確認

19日　日本西部でペットのニシキヘビが逃走、体長2m

21日　日本の研究者、塩味を増強する電気箸を開発

25日　日本・北海道沖で観光船が行方不明、10人死亡確認

26日　マクロン氏が仏大統領に再選

27日　ツイッター、イーロン・マスク氏の買収提案受け入れ

Bruce Willis Retires from Acting Due to Aphasia

Bruce Willis will step away from his acting career after being diagnosed with aphasia, a medical condition that impairs a person's cognitive abilities, his family announced on Instagram on Wednesday.　　　Apr1,2022

CHECK! ▐▐▐▐▶

- [ ] **retire from acting** … 俳優業から引退する
- [ ] **aphasia** [əféɪʒə] … 失語症
- [ ] **step away from acting career** … 俳優業から離れる
- [ ] **be diagnosed with** … 〜と診断される
- [ ] **medical condition** … 疾患
- [ ] **impair cognitive abilities** … 認知能力を低下させる

☰　　　　　　　訳出のポイント

- impair は力、価値、質、量などを「減じる」「弱める」「悪くする」という動詞。したがって impair person's cognitive abilities は「(人の) 認知能力を弱める」→「認知能力を低下させる」。[,] にはさまれた a medical condition that impairs a person's cognitive abilities は直前の aphasia「失語症」を説明する文節なので、「認知能力を低下させる疾患である失語症」→「認知能力が低下する疾患の失語症」となっています。

- 元妻のデミ・ムーアを含む家族は連名の声明で "With much consideration Bruce is stepping away from the career that has meant so much to him"「熟慮の末、ブルースは自身にとってとても大切な(俳優という)キャリアから離れることにしました」としています。

「ブルース・ウィリス、失語症で俳優業引退」

ブルース・ウィリスが俳優業から離れることを、家族が水曜日にインスタグラムで発表した。認知能力が低下する疾患の失語症と診断されたという。

2022年4月1日

TODAY'S POINT
今日の
ポイント

acting は「俳優業」と訳すべきときも

名詞 acting は「演技」の意味でしばしば「演じること」→「俳優業」というニュアンスでも使われます。

acting career も同様で、直訳は「演技のキャリア」「俳優としてのキャリア」。ここから「俳優業」「俳優人生」という意味になっています。

そこで、タイトルの retire from acting は「俳優業から引退する」「俳優業を引退する」ということですね。

そして、本文の step away from his acting career も「俳優業から離れる」→「俳優業を引退する」というわけです。

Hubble Telescope Spots Most Distant Star on Record

NASA's Hubble Space Telescope has discovered the oldest and the most distant single star ever observed. It took 12.9 billion years for its light to reach Earth.

Apr4,2022

CHECK! ▮▮▮▮▶

- ☐ **Hubble (Space) Telescope** … ハッブル（宇宙）望遠鏡
- ☐ **spot** [spάːt] **(=discover)** … 〜を発見する
- ☐ **distant** [dístənt] … 遠いところにある
- ☐ **star** [stάːr] … 恒星
- ☐ **observe** [əbzάːrv] … 観測する
- ☐ **reach Earth** … 地球に到達する

≡　　　　　訳出のポイント

- 動詞 spot は口語で「〜を見つける」「〜を発見する」あるいは「〜を見抜く」「〜を言い当てる」といった意味で使われます。今日の場合は discover と同義で「〜を発見する」の意味になっていますね。

- on record は「記録された」「記録上で」。そこで、タイトルの the most distant star on record は「記録上で最も遠くになる恒星」→「観測史上最も遠い恒星」ということです。そして、本文では (the oldest and) the most distant single star ever observed となっていて、「これまで観測された（最も古くて）最も遠くにある単独の恒星」→「観測史上（最も古くて）最も遠い単独の恒星」と言い換えられています。

「ハッブル望遠鏡、観測史上最も遠い恒星を発見」

NASA のハッブル宇宙望遠鏡によって、観測史上最も古く、最も遠い単独の恒星が発見された。その光が地球に到達するには 129 億年かかったという。

2022 年 4 月 4 日

TODAY'S POINT
今日の
ポイント

it takes ～ to V 構文

代名詞 it を主語にした【 it takes ～ to V 】という形で「V するのに～を必要とする」「V するのに～がかかる」という言い方です。

～の部分には、時間・労力・勇気などを表す目的語が入ります。

本文第 2 文は It took 12.9 billion years for its light to reach Earth なので「その光が地球に届くのに 129 億年かかった」というわけです。

Japanese Yen Continues to Slide

The Japanese currency has fallen more than 5% against the greenback in March, and the trend continues amid the ongoing Russia-Ukraine War, despite the yen being traditionally seen as a safe-haven currency.   Apr8,2022

CHECK! ▮▮▮▮▶

- ☐ **Japanese yen (=currency)** … 日本円
- ☐ **slide** [sláɪd] … 下落する
- ☐ **fall _% against** … 〜に対して__%下落する
- ☐ **greenback** [gríːnbæk] … 米ドル
- ☐ **trend** [trènd] … 傾向
- ☐ **ongoing Russia-Ukraine War** … 進行中のロシア・ウクライナ戦争
- ☐ **despite** [dɪspáɪt] … 〜にもかかわらず
- ☐ **traditionally** [trədíʃənəli] … 従来
- ☐ **safe-haven currency** … 避難通貨

☰ 　　　　　　　訳出のポイント

- greenback はもともとは南北戦争中の 1862 年から発行された裏が緑色（= greenback）の米国の法定紙幣のことを指します。ここから、やや古い言い方ですが「(米) ドル紙幣」「米ドル」を意味する言い方になっているわけです。したがって has fallen 5% against the greenback は「米ドルに対して 5%下落した」。
- traditionally は「伝統的に」「伝統に従って」という副詞。日本語の「従来（的に）」に近いニュアンスで使われることも多い単語です。

「日本円の下落続く」

ロシア・ウクライナ戦争が進行する中、従来は避難通貨とされる日本円が、3月には対米ドルで5%以上下落し、その傾向はまだ続いている。

2022年4月8日

TODAY'S POINT
今日の
ポイント

slide と fall

slide はもともと「滑る」「滑り落ちる」という動詞。ここから、数量、通貨価値、価格などが「下がる」「下落する」「減少する」という意味でしばしば使われる単語となっています。

また、高いところから「落ちる」「落下する」という動詞 fall も同様に値段などが「下がる」「下落する」「減少する」の意味で頻出です。

今日の本文では fall _% against ～で「～に対して__%下落する」という言い方で登場していますね。

Boris Johnson Makes Surprise Visit to Kyiv

British Prime Minister Boris Johnson made a surprise visit Saturday to Ukraine's capital, Kyiv, to meet with Ukrainian PresidentVolodymyr Zelenskyy.

Apr11,2022

CHECK! ▍▍▍▍▶

- [ ] **make a surprise visit to** … ～を電撃訪問する
- [ ] **prime minister** … 首相
- [ ] **capital** [kǽpətl] … 首都
- [ ] **meet with** … ～と会談する

☰　　　　　　　　訳出のポイント

- meet は「～に会う」「～と会合する」という動詞ですね。meet with ～ は「～と（約束して）会う」→「～と会談する」という意味合いでよく使われる表現です。したがって meet with Ukrainian President Volodymyr Zelenskyy で「ウクライナのウォロディミル・ゼレンスキー大統領と会談する」ということです。

- イギリスのジョンソン首相が9日、ウクライナの首都キーウを電撃訪問したニュースです。同首相はゼレンスキー大統領と会談し、装甲車および対艦ミサイルシステムを供与するほか、世界銀行の融資を通じて追加財政支援を行うことを表明したということです。

「ボリス・ジョンソン英首相、キーウ電撃訪問」

イギリスのボリス・ジョンソン首相が土曜日にウクライナの首都キーウを電撃訪問し、ウォロディミル・ゼレンスキー大統領と会談した。　　　　　　2022年4月11日

TODAY'S POINT
今日の
ポイント

make a visit の便利な用法

visit は「〜を訪問する」「〜を訪れる」という動詞であり「訪問」という名詞でもあります。

名詞の visit を用いた成句 make a visit to 〜 は「〜を訪問する」の意で、基本的には動詞 visit と同じ意味になります。ただ、make a visit の場合は名詞 visit の前に形容詞や名詞を加えるだけで、簡単にバリエーションをつけることができる表現として多用される傾向があります。

例えば「短い」という形容詞 brief を用いて make a brief visit to 〜 だと「〜への短い訪問をする」→「〜へ少し立ち寄る」、「公式な」という形容詞 formal を加えて make a formal visit to 〜 だと「〜へ公式な訪問をする」→「〜を公式訪問する」という具合です。

今日の場合は「驚き」「驚かせること」→「不意打ち」「奇襲」という名詞 surprise を用いた make a surprise visit to 〜で「〜へ不意打ちの訪問をする」「〜へ突然の訪問をする」→「〜へ電撃訪問をする」という言い方になっています。

Masters: Scottie Scheffler Wins First Major

World number one Scottie Scheffler won the 2022 Masters, clinching his first major title. Northern Irishman Rory McIlroy finished second.

Apr12,2022

CHECK! ▮▮▮▮▶

- ☐ **win(=clinch)one's first major (title)** … メジャー初優勝を飾る
- ☐ **world number one** … 世界ランキング 1 位（の）
- ☐ **Northern Irishman** … 北アイルランド人
- ☐ **finish second** … 2 位に入る

≣　　　　　　　　　訳出のポイント

- world number one は world no.1 とも記されます。「世界1位（の）」→「世界ランキング1位（の）」という意味ですね。
- finish first は「1位で終わる」→「1位になる」「優勝する」。finish second だと「2位になる」「準優勝する」になります。このように【finish + 序数】で「__位になる」という表現になるので、確認しておきましょう。
- 米男子ゴルフツアーのマスターズ。第86回となる今大会を制したのは、25歳の米国人スコッティ・シェフラーでした。今季すでに3勝を挙げ、世界ランキング1位という立場でのオーガスタ挑戦。プレッシャーに負けることなく、みごとにメジャー初優勝を飾りました。そして、最終日にスコアを8伸ばす猛チャージを見せたローリー・マキロイが、14回目のオーガスタにして自己最高となる2位でフィニッシュしています。

≡ 対訳

「マスターズ：スコッティ・シェフラーがメジャー初V」

世界ランキング1位のスコッティ・シェフラーが、2022年マスターズで優勝し、メジャー初制覇を飾った。2位は北アイルランド出身のローリー・マキロイだった。

2022年4月12日

TODAY'S POINT

今日の
ポイント

しっかり固定させる clinch

clinch はもともと打ち込んだくぎを「打ちまげる」「先をたたきつぶす」という意味の動詞。

ここから、「〜をしっかり固定させる」→問題、議題などについて「決着をつける」あるいは勝利を「決定的にする」→「勝利（優勝）を決める」といった意味でもしばしば使われます。そこで clinch one's first major title で「初めてのメジャータイトルを決める」→「メジャー初優勝を飾る」という言い方になっています。

Japan Confirms First Case of Omicron XE Variant

Japan's health ministry announced Monday that the country has confirmed its first case of the XE, a derivative omicron strain of the coronavirus.　　　　　Apr13,2022

CHECK! ▮▮▮▮▶

- [ ] **confirm** [kənfə́:rm] … ～を確認する
- [ ] **first case** … 初めての患者 → 初の感染者
- [ ] **omicron XE variant** … オミクロン XE（変異）型
- [ ] **Japan's health ministry** … 日本の保健担当省 → 厚生労働省
- [ ] **derivative omicron strain** … オミクロン型から派生した（変異）株

≡　　　　　　　　　　**訳出のポイント**

- health ministry は直訳すると「保健を担当する省」→「保健省」。Japan's health ministry だと「日本の保健を担当する省」→「厚生労働省」です。ちなみに、日本の「厚生労働省」 の正式名称は Ministry of Health, Labour and Welfare、アメリカの「保健福祉省」だと United States Department of Health and Human Services。どちらも単語数がかなり多いですね。そこで、新聞記事など報道ではしばしば Japan's health ministry、US health ministry のように言い換えるわけです。

- 厚生労働省は 11 日、新型コロナウイルスの変異型「オミクロン型」から派生した「XE」と呼ばれるウイルスの感染者が日本で初めて確認されたと発表。XE はオミクロン型のうち「BA.1」と派生型「BA.2」が混ざったウイルスということです。

「日本でオミクロン XE 型感染者、初確認」

厚生労働省は月曜日、新型コロナウイルスのオミクロン型から派生した XE の感染者が日本国内で初めて確認されたと発表した。

2022 年 4 月 13 日

TODAY'S POINT
今日の
ポイント

2 種類の case

case には 2 種類あって、スペル・発音は全く同じですが語源を異にする別々の 2 つの単語となっています。

ひとつは、「箱」という意味のラテン語 capsa を語源に持つ、「箱」「容器」「袋」「ケース」という意味の名詞。

もうひとつは「落ちてくるもの」→「機会」というラテン語 casus が語源で、「場合」「実例」「事例」などの意味の名詞です。

後者の case は、修飾語（形容詞や名詞）をともなって〜の「症例」「患者」という意味でもしばしば使われる単語となっています。

そこで、first case of 〜 は「〜の初めての症例」「〜の初患者」という言い方。そして、今日の話題は新型コロナウイルスなので、対訳では「初患者」→「初感染者」と訳しています。

2-meter-long Pet Python on loose in Western Japan

A two-meter-long pet ball python has escaped from the owner's car at a parking lot in Kurashiki City, western Japan. The police put out an alert to local residents.

Apr19,2022

CHECK! ▶

- [ ] **_-meter-long** … 長さが＿メートルの
- [ ] **(ball) python** [páɪθɑ:n] … （ボール）ニシキヘビ
- [ ] **on loose** … 逃走して
- [ ] **owner** [óʊnər] … （動物の）飼い主
- [ ] **parking lot** … 駐車場
- [ ] **put out an alert to** … ～に注意を呼びかける
- [ ] **local residents** … 地元住民

訳出のポイント

- python は「ニシキヘビ」。pet python で「ペットのニシキヘビ」ということです。ball python は「ボールパイソン」あるいは「ボールニシキヘビ」と呼ばれるニシキヘビの一種。
- _-meter-long は「長さが＿メートルの」という言い方。two-meter-long pet ball python で「長さ2メートルのペットのボールニシキヘビ」→「体長が2メートルあるペットのボールニシキヘビ」ということですね。
- owner は「オーナー」「所有主」。動物の「飼い主」に当たる英語としてもよく使われるので確認しておきましょう。

「日本西部でペットのニシキヘビが逃走、体長２m」

日本西部の倉敷市で、体長が２メートルあるペットのボールニシキヘビが駐車場で飼い主の車から逃走したという。警察が付近の住民に注意を呼びかけた。

2022 年 4 月 19 日

TODAY'S POINT
今日の
ポイント

put out an alert
「～に注意を呼びかける」

put out ～ は「～を（外に）出す」という成句。put out an alert ～ だと「～に警報を出す」「～に注意を呼びかける」という言い方になります。

local residents は「地元の住民」「付近の住民」なので、put out an alert to local residents で「付近の住民に注意を呼びかける」というわけです。

Japanese Researchers Develop Electric Chopsticks to Enhance Saline Taste

Japanese researchers have developed electric chopsticks that enhance salty tastes to help health-conscious people cut down on the amount of salt they intake.   Apr 21, 2022

CHECK! ▮▮▮▮▶

- [ ] **electric chopsticks** … 電気箸
- [ ] **enhance** [inhǽns] … ～を増す、増強させる、高める
- [ ] **saline (=salty) taste** … 塩味
- [ ] **health-conscious** … 健康志向の
- [ ] **cut down** … ～を減らす
- [ ] **amount of salt** … 塩分量
- [ ] **intake** [íntèk] …【動詞】摂取する

≡　　　　　　　　　訳出のポイント

- chopstick は「箸（の片われ）」。sock「靴下」、shoe「靴」、glove「手袋」などと同様、通常は2つ一対で使うものなので chopsticks と複数形で用いられる単語となっています。今日の場合は「電気の」「電気で動く」「電化された」という形容詞 electric とともに electric chopsticks で「電気箸」。

- enhance は価値、力、美、可能性、精度などを「高める」「増す」「強化する」という動詞。

- 【help +（人）+ V】は「（人）がV するのを支援する」という言い方。本文後半の to help … 以下は「健康志向の人が塩分摂取量を減らすのを支援するために」ということです。

「日本の研究者、塩味を増強する電気箸を開発」

日本の研究者らが、健康志向の人が塩分摂取量を減らすのを支援するために、塩味を増強させる電気箸を開発した。

2022 年 4 月 21 日

TODAY'S POINT
今日の
ポイント

「～志向の」をつくる -conscious

conscious は「意識している」「自覚している」「気づいている」という形容詞。-conscious で「～を意識している」「～を気にする」→「～志向の」という形容詞をつくります。

例えば brand-conscious shopper「ブランド志向の買い物客」→「ブランドにこだわる買い物客」、trend-conscious consumer「流行を意識する消費者」→「流行に敏感な消費者」という具合です。

今日の場合は health-conscious people で「健康を意識する人（たち）」→「健康志向の人」となっています。

Japan: Ten Confirmed Dead from Missing Tourist Boat off Hokkaido

At least 10 people were confirmed dead after a tourist boat with 26 on board went missing off Shiretoko Peninsula in the northern Japanese island of Hokkaido, according to the Japan Coast Guard reported or Sunday, as search and rescue efforts continue. Apr25,2022

CHECK! ▮▮▮▶

- ☐ **(be) confirmed dead** … 死亡が確認される
- ☐ **(go) missing** [mísɪŋ] … 行方不明の（になる）
- ☐ **tourist boat** … 観光船
- ☐ **with _ (people) on board** … __人が乗った
- ☐ **Shiretoko Peninsula** …【日本】知床半島
- ☐ **Japan Coast Guard** …【日本】海上保安庁
- ☐ **search and rescue efforts** … 捜索・救助活動

≡ 訳出のポイント

● confirm はもともと陳述・証拠などが本当だと「確かめる」「確認する」という動詞。英字新聞では「正式に追認する」「（正式に確認して）発表する」というニュアンスでもよく使われる単語です。confirm（人）dead で「（人）が死んでいるのを確認する」→「（人）の死亡を確認する」という言い方になります。そして、今日の場合は、受動態の be confirmed dead で「死んでいるのが確認される」「死亡が確認される」という形で登場しています。

「日本・北海道沖で観光船が行方不明、10人死亡確認」

日本北部の島・北海道の知床半島沖で26人が乗った観光船の行方がわからなくなり、捜索・救助活動が続く中、海上保安庁は日曜日に10人の死亡が確認されたと発表した。

2022年4月25日

TODAY'S POINT
今日の
ポイント

Missing「行方不明の」

missingはものが「あるべき所にない」「見つからない」「見当たらない」、人が「いるべきところにいない」→「行方不明の」という形容詞。
今日の場合はmissing tourist boatで「行方がわからない観光船」「行方不明の観光船」ということです。
また、go missingだと「見当たらなくなる」「行方不明になる」という表現になるわけですね。

Macron Re-elected as French President

Emmanuel Macron won five more years as French president after beating far-right candidate Marine Le Pen in Sunday's runoff vote.

Apr26,2022

CHECK! ▮▮▮▮▶

- ☐ **(be) re-elected** … 再選される → 再選を果たす
- ☐ **French president** … フランスの大統領
- ☐ **win** [wín] … 〜を勝ち取る、獲得する
- ☐ **beat** [bíːt] … 〜を打ち負かす、破る
- ☐ **far-right candidate** … 極右派候補（者）
- ☐ **runoff vote** … 決選投票

☰ 訳出のポイント

- win は競技、競争、戦争などに「勝つ」「勝利する」という意味でよく登場する動詞ですね。競争などで「〜を勝ち取る」「〜を獲得する」という意味でも使われるので確認しておきましょう。won five more years as French president の部分は「フランスの大統領としてさらに5年を勝ち取った」となっています。つまり、「フランスの大統領として、さらに5年の任期を獲得した（務めることとなった）」という意味合いです。

- run off は「逃げる」「逃げ去る」をはじめ、さまざまな意味で使われる成句。競技などの「決勝戦を行う」「決着をつける」という意味にもなります。この run off が名詞化した runoff は競技における「（同点）決勝戦」、選挙における「決選」を指します。runoff vote で「決選投票」ということですね。

「マクロン氏が仏大統領に再選」

日曜日に行われた決選投票で、エマニュエル・マクロン氏が極右派候補のマリーヌ・ル・ペン氏を破り、フランスの大統領としてさらに5年の任期を獲得した。

2022年4月26日

TODAY'S POINT
今日の
ポイント

「繰り返して」を意味する re

re は動詞あるいはその派生語について「再び〜」「新たに」「繰り返して」「〜し直す」という意味になる接頭辞。
ハイフンが用いられることも多いですね。
elect は選挙で「〜を選ぶ」「〜を選出する」という動詞なので、re-elect で「〜を再び（選挙で）選ぶ」→「〜を再選する」ということです。
今日の場合は受動態の be re-elected as 〜 という形で「〜として再び選ばれる」→「〜として再選を果たす」となっています。

Twitter Accepts Buyout Offer from Elon Musk

Twitter said on Monday that it has agreed to a $44 billion takeover offer from Tesla's CEO and the world's richest man, Elon Musk.

Apr27,2022

CHECK! ▐▐▐▐▶

- [ ] **accept** [əksépt] … ～を受け入れる
- [ ] **buyout (=takeover) offer** … 買収提案
- [ ] **agreed to** … ～に合意する

≡　　　　　　　　　訳出のポイント

- agree は提案や要請などに「同意する」「賛成する」という動詞。agree to ～ で「～に同意する」「～に合意する」。そこで、it has agreed to a $44 billion takeover offer の部分は「それ（＝ツイッター）は440億ドルの買収提案に合意した」というわけですね。

- 米ソーシャルメディア大手のツイッターが、イーロン・マスク氏からの買収提案を受け入れることで合意したニュース。買収総額は440億ドル、日本円で約5兆6000億円となり、マスク氏が株式の100％を取得し、今年中には買収を完了させるということです。今回の提案に対し、ツイッター側はいったんは買収防衛策を導入しましたが、マスク氏の提案を上回る条件での支援先などが見つからず、最終的に受け入れを決めたと思われます。同氏は今回の買収の目的は「言論の自由を守ること」だと主張。ユーザーによる投稿内容の管理・検閲のあり方など、買収後の改革に注目が集まりそうです。

「ツイッター、イーロン・マスク氏の買収提案受け入れ」

ツイッターは月曜日、テスラの CEO で世界一の富豪のイーロン・マスク氏による 440 億ドル（約 5 兆 6000 億円）の買収提案に合意した、と発表した。

2022 年 4 月 27 日

TODAY'S POINT
**今日の
ポイント**

「買収」を意味する
buyout と takeover

buy out は会社・事業を「買い取る」、会社の株を「買い上げる」という成句です。buyout はその名詞化で「会社買収」、株の「買い占め」の意になっています。

take over はもともとは職務などを「引き継ぐ」という表現で、事業などを「接収する」「支配権を得る」「乗っ取る」という意味にも使われます。その名詞形である takeover は管理、支配権などの「奪取」「引き継ぎ」、会社の「乗っ取り」→「買収」ということです。

つまり、buyout と takeover は日本語の「買収」にあたる単語として使われるわけですが、takeover には"やや強引な形での買収""乗っ取り"に近いニュアンスがあると捉えておきましょう。

今日の場合は buyout offer/takeover offer ともに「買収提案」「買収の申し出」ということです。

May,2022

2022年5月

Japan's Sunken Boat Contacted Coast Guard via Passenger's Cell Phone

A tour boat that sank off the coast of Hokkaido, Japan, with 26 people on board, made an emergency call to the Coast Guard using a passenger's mobile phone, according to sources.

May2,2022

CHECK! ▐▐▐▐▶

- [ ] **sink** [síŋk] **(→ sank → sunken)** … 沈む
- [ ] **contact the Coast Guard** … 海上保安庁に通報する
- [ ] **via (=using) a passenger's cell (=mobile) phone** … 乗客の携帯電話を通じて（使用して）
- [ ] **make an emergency call to** … 〜に緊急通報する
- [ ] **according to sources** … 関係筋によると、情報によれば

≡　訳出のポイント

● sink は「沈む」という動詞で、sank が過去形、sunken が過去分詞です。そこで、タイトルの sunken boat は「沈没した船」「沈没船」ということですね。

● contact はもともと人・物との「接触」「ふれあい」を意味する名詞。ここから無線などによる「接触」→「連絡」の意味でもしばしば使われます。今日の場合は動詞の「〜と接触する」「〜に連絡する」で、contacted (the) Coast Guard で「海上保安庁に連絡をした」→「海保に通報した」です。

● 「携帯電話」は米国では cell phone が最も一般的。英・豪などでは mobile phone の方が一般的に使われます。

「日本の沈没船、乗客の携帯で海保に通報」

北海道沖で 26 人が乗った観光船が沈没した事件で、関係筋によると、観光船から海上保安庁への緊急通報に乗客の携帯電話が使われていたという。

2022 年 5 月 2 日

TODAY'S POINT
今日の
ポイント

「～経由で」via

via は元来「～経由で」「～を通って」という前置詞。ここから、口語では「～を通じて」「～によって」という手段、媒介を表す単語としてもよく使われます。

via the Internet「インターネットを通じて」via airmail「航空便で」といった具合ですね。

今日のタイトルでは via passenger's cell phone で「乗客の携帯電話で」。つまり、本文の using a passenger's mobile phone「乗客の携帯電話を使用して」と同じ意味を表しています。

Fed Raises Interest Rates by a Half-percentage Point

The Federal Reserve announced Wednesday that it is raising interest rates by a half-percentage point to keep a lid on the highest inflation in the U.S. in 40 years.

May6,2022

CHECK! ▮▮▮▶

- ☐ **Federal Reserve (Board)** … 米連邦準備制度理事会、FRB
- ☐ **raise interest rates** … 金利を引き上げる
- ☐ **keep a lid on** … ～を抑制する
- ☐ **inflation** [ɪnflèɪʃən] … インフレ

≡　訳出のポイント

- Federal Reserve Board は「米連邦準備制度理事会」。アメリカの中央銀行に当たります。報道では Federal Reserve あるいは、単に Fed と略されることが多いので確認しておきましょう。日本の報道では「米 FRB」が一般的となっています。

- interest rate(s) は「金利」。raise interest rates で「金利を引き上げる」「利上げする」。raise interest rates by _% で「金利を__%引き上げる」となります。a half-percentage は 2 分の 1 %」＝「0.5 %」。したがって raise interest rates by a half-percentage point で「金利を 0.5%（ポイント）引き上げる」ということですね。

- 米連邦準備制度理事会のパウエル議長が 4 日の月例会合後の記者会見で大幅利上げを発表。約 40 年ぶりの高水準となったインフレを抑え込むため、今後あと 2 回は 0.5%の利上げを続ける可能性を示しました。

「米 FRB が 0.5% 利上げ」

米連邦準備制度理事会は水曜日、米国における 40 年ぶりの高インフレを抑制するするために、金利を 0.5% 引き上げることを発表した。

2022 年 5 月 6 日

今日の
ポイント

keep a lid on ～ 「～を抑制する」

lid はもともと箱、鍋などの「ふた」を指す名詞。
keep a lid on ～で「～にふたをしておく」→「～を抑え込む」「～を抑制する」という言い方になっています。
そこで、本文後半の to keep a lid on... 以下は「米国でのこの 40 年で最高のインフレを抑制するために」→「米国における 40 年ぶりの高インフレを抑制するために」というわけです。

Gucci to Accept Crypto Payments in Some US Stores

Luxury fashion brand Gucci announced that it will accept payments in a number of cryptocurrencies, including Bitcoin, Ethereum and Litecoin, at some of its stores in America, starting at the end of May.

May11,2022

CHECK! ▮▮▮▮▶

- [ ] **accept** [əksépt] … (〜による支払いを) 引き受ける→ (〜での決済に) 対応する
- [ ] **crypto payment** … 仮想通貨 (による) 決済
- [ ] **luxury fashion brand** … 高級ファッションブランド
- [ ] **a number of** … いくつかの、複数の
- [ ] **cryptocurrency** [kríptoukə̀rənsi] … 暗号通貨→ 仮想通貨

☰ 訳出のポイント

- ときに crypto とも略される cryptocurrency は「暗号通貨」。ただし、日本では「暗号通貨」という言い方はあまり使われず、「仮想通貨」あるいは「暗号資産」という表現が一般的に使われていますね。そこで、今日の対訳でも「仮想通貨」を採用しています。

- at the end of 〜は「〜の終わりに」なので、at the end of May だと「5月の終わりに」→「5月末に」。したがって、本文末尾の starting … 以下は「5月末に始まって」→「5月末から」となっています。

「グッチが仮想通貨決済対応へ、米一部店舗で」

高級ファッションブランドのグッチが、5月末から米国内の一部の店舗で、ビットコイン、イーサリアム、ライトコインを含む複数の仮想通貨による決済が可能になる、と発表した。

2022年5月11日

TODAY'S POINT
今日の
ポイント

accept にはこんな意味も

accept はもともと「〜を受け入れる」「〜を受諾する」「〜に応じる」という動詞。ここから「(手形、小切手などによる支払い)を受け入れる」「(手形、小切手などによる支払い)に応じる」という意味でも使われます。

そこで、タイトルの accept crypto payments は「仮想通貨(による)支払いを受け入れる」→「仮想通貨決済に応じる」ということですね。

本文の will accept payments in a number of cryptocurrencies では「複数の仮想通貨での支払いを受け入れる」→「複数の仮想通貨での決済に応じる」→「複数の仮想通貨による決済が可能になる」となるわけです。

Apple to Discontinue the iPod after 21 Years

Apple announced that it is discontinuing its iPod touch, ending the 21-year-history of the music player that revolutionized how people listen to music.

May 12, 2022

CHECK! ▐▐▐▶

☐ **discontinue** [dìskəntínju:] … (生産、販売などを) 打切る、終了する ☐ **end** [énd] … ~を終わらせる

☐ **music player** … 音楽プレーヤー

☐ **revolutionize** [rèvəlú:ʃənàɪz] … ~に革命をもたらす

≡ 訳出のポイント

- discontinue は継続していたことなどを「やめる」「停止する」「中止する」という動詞。製品の生産、販売などを「打ち切る」「終了する」というニュアンスでもしばしば使われる単語です。今日の場合は discontinue the iPod (touch) で「iPod (touch) の生産を終了する」ということですね。

- アップルが初代 iPod を発売したのは 2001 年 10 月。1000 曲の音楽を HDD に保存可能で 10 時間のバッテリーを搭載した音楽プレーヤーとして大ヒットしました。その後 2004 年には iPod mini、2005 年には iPod nano、2007 年には iPod touch とバリエーションを増やしました。現在販売している唯一の機種は第 7 世代の iPod touch ですが、これについて、在庫がなくなり次第販売を終了する、というニュースでした。人々が音楽を聴く方法、そして共有する方法に革命をもたらした iPod ですが、そういった機能は iPhone をはじめとするスマホが備えている現在、その役割は終わったという判断ですね。

「アップルが iPod の販売終了、21 年の歴史に幕」

アップルが iPod touch の販売を終了すると発表した。人々の音楽の聴き方に革命をもたらした音楽プレーヤーは 21 年の歴史に幕を下ろすことになる。

2022 年 5 月 12 日

TODAY'S POINT
今日の
ポイント

動詞としての「end」

「終わり」という名詞としておなじみの end は「終わる」あるいは「〜を終わらせる」という動詞としても頻出。

そこで、end the 21-year-history of the music player の部分は「その音楽プレーヤーの 21 年の歴史を終わらせる」。

ちなみに、ここで言う the music player「その音楽プレーヤー」は iPod (touch) を言い換えたものですね。

そして続く関係代名詞 that 以下では、さらに、the music player について説明しています。その中で登場している revolutionize は「革命」という名詞 revolution から派生した語で「〜に革命を起こす」→「〜に革命（的な変化）をもたらす」「〜を大きく変える」という動詞です。

したがって the music player that revolutionized how people listen to music の部分は「人々がどのように音楽を聴くかに革命をもたらした音楽プレーヤー」→「人々の音楽の聴き方に革命をもたらした音楽プレーヤー」というわけです。

Google Translate Adds 24 New Languages

Tech giant Google has added 24 new languages to its online translation services, bringing the total number of languages available on Google Translate to 133.

May13,2022

CHECK! ▌▌▌▌▶

- ☐ **Google Translate** … グーグル翻訳
- ☐ **add** [ǽd] … ～を加える
- ☐ **language** [lǽŋgwɪdʒ] … 言語
- ☐ **tech giant** … テクノロジー大手（企業）
- ☐ **online translation services** … オンライン（Web）翻訳サービス
- ☐ **bring A to B** … A を B に至らせる
- ☐ **the total number** … 総数
- ☐ **available** [əvéɪləbl] … 利用できる

☰　　　　　　　訳出のポイント

- giant の語源はギリシア神話の巨人 gigas。英字新聞では「大企業」「大国」を指す語としてよく登場します。今日の場合は tech giant で「テクノロジー大企業」→「テクノロジー大手」。
- bring は「持っていく」「持ってくる」といった意味でおなじみの動詞ですね。bring A to B で「A を B に持っていく」→「A を B に至らせる」。bring the total number of ～ to _ だと「～の総数を__に至らせる」→「～の総数が__になる」。本文末尾の bringing ... 以下をこれに当てはめると「『グーグル翻訳』で利用できる言語の総数が133になった」→「『グーグル翻訳』で対応可能な言語の総数は133となった」。

「グーグル翻訳、新たに 24 言語を追加」

テクノロジー大手のグーグルが、同社のオンライン翻訳サービスで、新たに 24 の言語を追加した。これによって、「グーグル翻訳」で対応可能な言語の総数は 133 となった。

2022 年 5 月 13 日

TODAY'S POINT
今日の
ポイント

訳しにくいが大事な単語 available

available はピタッと当てはまる訳語がない、日本語に訳しにくい単語のひとつです。

しかし、いったん攻略すれば、ネイティブが好んで使う非常に使い勝手のよい表現方法となります。

基本的には「利用できる」「役立てられる」「入手できる」「得られる」という形容詞として捉えておきましょう。もう少し具体的にいうと、物やサービスなどが「利用可能な」「使用できる」、製品などが「在庫としてある」「市販されている」、ホテルの部屋などが「空いている」、人が「手が空いている」「対応できる」「都合がつく」など、さまざまな状況で使うことができます。

また、口語では I'm available. で「特定の交際相手がいない」「つきあっている人がいない」「フリーである」という意味にもなります。

今日の文脈では「グーグル翻訳」において available languages「利用できる言語」→「対応可能な言語」「翻訳が可能な言語」ということですね。

Sweden, Finland Take Steps toward NATO Membership

Finland officially announced its intention to join NATO on Sunday while the governing party in Sweden said it backed membership in the wake of Russia's invasion of Ukraine.

May17,2022

CHECK! ▐▐▐▶

- [ ] **take steps toward** … ～に向けて前進する
- [ ] **NATO** [néɪtou] … 北大西洋条約機構
- [ ] **membership** [mémbərʃìp] … 加盟
- [ ] **officially announce one's intention to** … ～する意向を正式に表明する
- [ ] **governing party** … 与党
- [ ] **back** [bǽk] … 【動詞】～を支持する
- [ ] **in the wake of** … ～を受けて、～の結果
- [ ] **invasion** [ɪnvéɪʒən] … 侵攻

☰　訳出のポイント

- take a step toward ～「～に向けて一歩踏み出す」「～に向けて一歩進む」という言い方。take steps toward ～だと「～に向けて数歩踏み出す」→「～に向けて前進する」。

- NATO は North Atlantic Treaty Organization の略。日本語でも NATO が浸透していますが正式には「北大西洋条約機構」。

- membership は団体などの「一員であること」「会員の身分」を意味する名詞。今日の場合は NATO membership で「NATO の一員であること」→「NATO に加盟していること」。

「スウェーデン、フィンランドがNATO加入に向けて大きく前進」

ロシアによるウクライナ侵攻を受けた形で、フィンランドは日曜日に北大西洋条約機構に加わる意向を正式に表明し、スウェーデンでは与党が同国の加盟への支持を発表した。

2022年5月17日

TODAY'S POINT
**今日の
ポイント**

Back には「支援する」の意味も

back は「背中」「後ろ（側）」という名詞、「後方へ」「戻って」などという副詞としておなじみの語かと思います。
今日の場合は「～を支援する」「～を支持する」という動詞として登場しているので注意してください。
it backed membership で「それ（＝与党）が（NATO）加盟を支持した」となっています。

Not a Car Sold in Shanghai in April Due to China's Zero-Covid Policy

Not a single car was sold in Shanghai last month as the biggest metropolitan area in China, with a population of 25 million, has been under a strict Covid lockdown for seven weeks.

May18,2022

CHECK! |||||▶

- ☐ **be sold** … 販売される
- ☐ **zero-Covid policy** … ゼロコロナ政策
- ☐ **metropolitan area** … 大都市圏
- ☐ **population** [pàːpjəléɪʃən] … 人口
- ☐ **strict** [stríkt] … 厳しい、厳格な
- ☐ **(be) under a Covid lockdown** … 新型コロナウイルス対策の
  ロックダウン状態である

☰　　　　　　　訳出のポイント

- ●名詞の policy は政府、政党などの「政策」、会社などの「方針」を意味する名詞。今日のタイトルの China's zero-Covid policy は「中国のゼロコロナ政策」となっています。タイトル全体では「中国のゼロコロナ政策が原因で、4 月に上海では 1 台の車も売れなかった」→「中国のゼロコロナ政策のため、上海の 4 月車販売はゼロだった」ということですね。

- ●本文では not a single car と single「たったひとつの」という形容詞が "強調" として加わり、「たった 1 台も（売れなかった）」「1 台として売れなかった」というニュアンスに。

「上海の４月車販売ゼロ、中国のゼロコロナ政策で」

人口 2500 万人で中国最大都市圏の上海では、7 週間にわたって厳しい新型コロナ対策のロックダウン状態が続き、先月の乗用車販売台数はゼロだった。

2022 年 5 月 18 日

「ロックダウン」の本来の意味は？

コロナ禍ですっかりおなじみになった単語 lockdown。
もともとは囚人の「監禁」を意味する名詞です。
ここから、暴動や感染症が発生した場合に安全のために人々を建物の中などに「閉じ込めること」。都市の「封鎖」を指して用いられます。
コロナ禍以降は、日本語でも「ロックダウン」が浸透していますね。
(be) under a lockdown で「ロックダウンされている」「ロックダウン状態にされる（置かれる）」という言い方です。
したがって、本文末尾の has been under a strict... 以下は「（上海が）7 週間、厳しい新型コロナ対策のロックダウン状態に置かれている」→「（上海で）7 週間にわたって厳しい新型コロナ対策のロックダウン状態が続いている」となっています。

Tom Cruise Awarded Surprise Honorary Palme d'Or At Cannes

Tom Cruise was awarded a surprise honorary Palme d'Or during his first visit in 30 years to the Cannes International Film Festival Wednesday for the premiere of "Top Gun: Maverick".

May20,2022

CHECK! ▌▌▌▶

- [ ] **(be) awarded** [əwɔ́:rdɪd] … 〜を授与される
- [ ] **surprise** [sərpráɪz] … 驚きの、不意の
- [ ] **honorary Palme d'Or** … パルム・ドール名誉賞
- [ ] **Cannes (Film Festival)** … カンヌ（国際映画祭）
- [ ] **premiere** [prɪmíər] … プレミア（試写会）

≡　訳出のポイント

● 今日の本文は「映画『トップガン　マーヴェリック』のプレミアのためのこの30年間で初めてのカンヌ国際映画祭訪問（している）間に、トム・クルーズは予期していなかったパルム・ドール名誉賞を水曜に受賞した」→「映画『トップガン　マーヴェリック』のプレミアのため、30年ぶりにカンヌ国際映画祭に参加したトム・クルーズが、サプライズでパルム・ドール名誉賞を水曜に受賞した」となっています。Palme d'Or「パルム・ドール」は Cannes International Film Festival「カンヌ国際映画祭」における最高賞。honorary Palme d'Or「パルム・ドール名誉賞」はもともとはフランス語で Palme d'or d'honneur。主催者によって発表・授与される"名誉賞"となっています。

「トム・クルーズ、カンヌでパルムドール名誉賞のサプライズ」

映画『トップガン　マーヴェリック』のプレミアのため、30年ぶりにカンヌ国際映画祭に参加したトム・クルーズが、水曜にサプライズでパルム・ドール名誉賞を受賞した。

2022年5月20日

TODAY'S POINT
**今日の
ポイント**

surprise の用法

surprise はもともと「(人・動物)を(不意に)驚かす」「びっくりさせる」という動詞。

受動態の be surprised「驚く」「びっくりする」という言い方が最も一般的ですが、「驚き」「予期しない驚き」という名詞としてもよく使われます。

そして、名詞と組み合わせて形容詞的に、「驚きの」「突然の」「不意の」「予期しない」という表現にもなります。

そこで、(be) awarded (a) surprise honorary Palme d'Or は「突然のパルム・ドール名誉賞を授与される」「予期していなかったパルム・ドール名誉賞を授与される」→「サプライズでパルム・ドール名誉賞を授与される」ということですね。

UK's Royal Mail to Expand Its Drone Delivery Services

Britain's Royal Mail revealed its plan to set up at least 50 new postal drone routes to make deliveries to remote areas in the next three years.　　　　　　　　　　May23,2022

CHECK! ▮▮▮▶

- ☐ **Royal Mail** … 【英】ロイヤル・メール
- ☐ **expand** [ɪkspǽnd] … 〜を拡大する
- ☐ **drone delivery** … ドローン（による）配達
- ☐ **reveal one's plan** … 計画を明らかにする
- ☐ **set up** … 〜を設置する
- ☐ **postal drone routes** … 郵便用ドローンルート
- ☐ **make deliveries** … 配達する
- ☐ **remote areas** … 遠隔地、僻地

☰　　　　　　　訳出のポイント

- Royal Mail「ロイヤル・メール」はイギリス政府機関だった General Post Office「郵政省」の一部として郵便サービスを行っていました。現在はイギリスの郵便事業最大手企業。
- drone delivery services は「ドローン配達サービス」。つまり「ドローンを用いた郵便の配達サービス」。
- set up 〜は「〜を建築する」「〜を建てる」「〜を設置する」「〜を設立する」などの意味で頻出の成句。ここでは set up at least 50 new postal drone routes で「少なくとも 50 の新しい郵便用ドローンルートを設置する」→「少なくとも 50 の郵便用ドローンルートを新設する」となっています。

≡ 対訳

「英ロイヤル・メールがドローン配達サービスの拡大へ」

英国のロイヤル・メールは、今後3年間で遠隔地への配達のために、少なくとも50の郵便用ドローンルートを新設する計画を明らかにした。

2022年5月23日

TODAY'S POINT
今日の
ポイント

「テレワーク」は remote work

remote はもともと「移動する」という意味のラテン語 remorere の過去分詞で「(遠くに) 移動させられた」の意。ここから、距離的に「遠い」「遠方の」「遠隔の」あるいは都会から「離れた」→「辺ぴな」「僻地の」といった形容詞となっています。

ちなみに、コロナ禍でよく使われるようになった「テレワーク」にあたる英語は remote work になるので注意しましょう。

今日の場合は remote areas で「(都会から) 離れた地域」「遠隔地」「僻地」というわけです。

Study: Cats Know Each Others' Names

A study published in the journal Nature indicates that cats who live in the same house can differentiate the names that their human housemates use for each of them.　　May24,2022

CHECK! ▐▐▐▐▶

- [ ] **published in the journal** … 専門誌で発表された
- [ ] **Nature** [néitʃər] … ネイチャー（誌）
- [ ] **indicate** [índəkèit] … ～（ということ）を示す
- [ ] **differentiate** [dìfərénʃièit] … ～を区別する、識別する
- [ ] **housemates** [háusmèit] … 同居している人、動物

☰　　　　　　　訳出のポイント

- Nature『ネイチャー』は 1869 年にイギリスのロンドンで創刊された週刊科学誌。世界最高峰の総合学術雑誌で、科学技術を中心にさまざまな学術分野の査読済み論文を掲載しています。世界中の研究者が同誌での論文掲載を目指していると言っても過言ではないでしょう。

- differentiate は「異なる」という意味でおなじみの形容詞 different と同じく、「相違」を意味する中世ラテン語 differentia を語源とする動詞。「～を区別する」「～を識別する」「～の違いを知覚する」という意味になっています。can differentiate the names that their human housemates use for each of them の部分は「彼ら（＝ネコたち）の人間の同居者がそれぞれ（のネコたち）のために用いる名前（の違い）を区別できる」「同居人がそれぞれのネコを呼ぶ名前を区別できる」ということですね。

「研究：ネコはお互いの名前を知っている？」

『ネイチャー』誌で発表された研究で、同じ家で暮らすネコたちは同居人がそれぞれのネコを呼ぶ名前を区別できることが示された。

2022 年 5 月 24 日

TODAY'S POINT
**今日の
ポイント**

「出版する」publish

publish は書籍などを「出版する」「発行する」あるいは物事、事実、あるいは研究などを「発表する」「公表する」という動詞です。

「日記」「日誌」という名詞として知られる journal は専門分野の「定期刊行物」「ジャーナル」の意味でも使われるので、published in the journal で「ジャーナル（専門誌）で発表された」という言い方になるわけです。

President Biden in Uvalde, Texas, after School Shooting

U.S. President Joe Biden visited Uvalde, Texas, Sunday to commemorate the 19 pupils and 2 teachers killed in the mass shooting at the elementary school and met with the victims' families.

May31,2022

CHECK! ▮▮▮▮▶

- [ ] **school shooting** … 学校での銃乱射事件
- [ ] **commemorate** [kəmémərèɪt] … (死者を) 追悼する
- [ ] **pupil** [pjúːpl] … 児童
- [ ] **mass shooting** … 銃乱射事件
- [ ] **elementary school** … 小学校
- [ ] **victim** [víktɪm] … 犠牲者

≡ 訳出のポイント

- shooting は「撃つ」という動詞 shoot の現在分詞が名詞化した語で「射撃」「発射」「発砲」の意。ここから、報道では「銃撃 (事件)」といったニュアンスで使われます。そして、多くの場合 mass shooting「銃乱射事件」を意味しています。そこで、タイトルの school shooting は「学校での銃乱射事件」「学校で起きた銃乱射事件」ということですね。

- pupil の語源は「小さな少年」を意味するラテン語 pupillus。ここから「生徒」「児童」を意味する名詞となっています。米国では通例小学生、英国では小、中、高校生に使います。

- 「小学校」は米国では elementary school がよく使われる一方で、英国では primary school が一般的になっています。

バイデン米大統領がテキサス州ユバルディに、学校銃乱射事件受けて

ジョー・バイデン米大統領は日曜、小学校での銃乱射事件で殺害された児童 19 人と教師 2 人を追悼するためにテキサス州ユバルディを訪問し、遺族と面会した。

2022 年 5 月 31 日

TODAY'S POINT
今日の
ポイント

英字新聞における victim

victim の語源は「いけにえの動物」を意味するラテン語 victima。

ここから、宗教などにおける神への「いけにえ」「犠牲」の意味でも使われますが、英字新聞では事件や災害による「犠牲者」「被害者」「被災者」の意味で登場することがほとんどです。

今日の本文末尾では the victims' families なので「（銃乱射事件の）犠牲者らの家族」→「遺族」「遺族ら」ということですね。つまり met with the victims' families で「遺族と会った」→「遺族と面会した」となっています。

あの記事をさらに深掘り!

●ゼレンスキー大統領、日本の国会でオンライン演説（98 ページ）

ウクライナのゼレンスキー大統領が、日本の国会でオンライン形式の演説を行いました。演説の中で、同氏は日本は "the first nation in Asia that started piling pressure on Russia"「アジアでは初めてロシアに圧力をかけた国」として、謝意を表明した上で、今後も対ロシア制裁を継続するように要請。日本の国会で海外の要人がオンライン演説を行うのは今回が初めてだということです。欧米諸国の議会で積極的にオンライン演説を続けるゼレンスキー大統領。NATO 加盟国以外で演説の場を設けたのは、イスラエルにつぎ日本が 2 カ国目です。

●ハッブル望遠鏡、観測史上最も遠い恒星を発見（108 ページ）

米ジョンズ・ホプキンス大学が率いる国際チームが、NASA のハッブル宇宙望遠鏡を用いて、観測史上最も遠くになる恒星の観測に成功しました。くじら座の方向にあるこの恒星は、同グループによって Earendel「エアレンデル」と名付けられました。earendel は「明けの明星」を意味する古英語だそうです。分析結果から、エアレンデルが放った光は 129 億年かけて地球に到達した、つまり 129 億年前にはこの星が輝いていたことが判明。単独の恒星としては、これまで最古だった約 90 億年前のイカロスの記録を大きく塗り替えました。宇宙は膨張を続けていることから、今は地球から 280 億光年の彼方にあり、観測史上最も遠い恒星ということです。

「129 億光年」という概念は理論的にはよくわかるのですが、信じられないような距離ですね。夜空に見えている星の光は全て過去のもので、見上げているその瞬間にそこに存在していない星も多々あるという……不思議です。

●日本・北海道沖で観光船が行方不明、10 人死亡確認（122 ページ）

北海道の知床半島の沖合で、乗客・乗員 26 人が乗った観光船が遭難。

24 日に 10 人の死亡が確認されました。知床半島沿岸は急斜面や崖地が多い複雑な地形で、沿岸に近い海域では深いところでは水深 100 メートル以上あり、捜索活動は困難のようです。「やっとコロナ禍も少し落ち着いたし、久しぶりに家族で北海道旅行でもしようか？」そんな会話があっただろうことを想像できます。とても残念です。状況からすると、ツアー催行会社の責任が問われそうです。

●トム・クルーズ、カンヌでパルムドール名誉賞のサプライズ（144 ページ）

1986 年に公開された前作『トップガン』の空前の大ヒットで、ほぼ無名だったクルーズは一気にハリウッドのスターダムへ駆け上がりました。30 年を経て制作されたその続編は、コロナ禍で公開が 2 年延期されましたが、これが功を奏する形で、当初の予想を上回る興行成績が期待されています（2022 年 10 月時点で世界興行収入は約 14 億 6000 万ドル。前作は約 3 億 5000 万ドル）。トム・クルーズは年齢を重ねて露出度・出演作数は減っていても、自分の魅力を最大限に見せられる作品をうまく厳選しているように思います。

●研究：ネコはお互いの名前を知っている？（148 ページ）

人間や動物には予測や直感に反する「期待外れ」のことが起きたときには驚き、その現象を長く注視する性質があるといいます。研究チームは、この性質を利用して、3 匹以上で飼われている家庭のネコ 25 匹を用いて、ネコが「知り合い」の名前を区別しているのかを調べたところ、同居ネコの名前を認識している反応が見られたということです。うちの犬も確実に自分の名前を知っていますね。チワワが 2 匹ですが、眠っているときでも自分の名前を呼ばれたときだけしっぽをフリフリします。

June,2022

1	'Top Gun: Maverick' Wins Tom Cruise 1st $100 M Opening Weekend
2	BTS Visits White House to Discuss Hate Crimes
7	Rafael Nadal Wins 14th French Open Title
14	Former McDonald's Restaurants Reopen in Russia
15	Japan Passes Amendment Bill to Introduce Prison Terms for Online Insults
16	BTS Announces 'Hiatus'
20	Japan's NTT to Make Remote Work Norm for 30,000 Employees
21	US Open: Fitzpatrick Wins First Major
22	Russian Journalist Auctions off Nobel Medal for $103.5m
27	Biden Signs Gun Control Bill into Law
29	Rainy Season Ends Early with Heat Wave in Tokyo

2022年6月

1日	『トップガン マーヴェリック』、トム・クルーズ初の公開週末興収1億ドル突破
2日	BTSがホワイトハウス訪問、ヘイトクライムについて意見交換
7日	ラファエル・ナダル、14度目の全仏オープン制覇
14	ロシアの旧マクドナルド、再オープン
15日	日本で改正法案可決、ネット中傷に懲役刑導入
16	BTSが"活動休止"を発表
20日	日本のNTTがテレワークを標準に、社員3万人対象
21日	全米オープン、フィッツパトリックがメジャー初V
22日	ロシア人ジャーナリストのノーベル賞メダル、1億350万ドルで落札
27日	米で銃規制法案が成立、バイデン氏が署名
29日	東京、猛暑とともに早くも梅雨明け

'Top Gun: Maverick' Wins Tom Cruise 1st $100 M Opening Weekend

'Top Gun: Maverick' earned an estimated $124 million in ticket sales in its first three days in North American theaters, giving Hollywood superstar Tom Cruise his first $100 million opening weekend at the box office.　　Jun1,2022

CHECK! ▌▌▌▶

- ☐ **opening weekend** … （映画の）公開週の週末
- ☐ **earn** [ə́:rn] … ～を稼ぐ、～を獲得する
- ☐ **estimated $_** … 推定_ドル
- ☐ **ticket sales** … チケット売上
- ☐ **theater** [θíːətər] … 劇場、映画館
- ☐ **at the box office** … 興行収入で

≡　　　　　訳出のポイント

- おなじみの基本動詞 open の現在分詞が形容詞化した opening は「開始の」「初めの」の意。ここから、opening weekend は映画などの公開（封切り）後の「初めの週末」→「公開週末」を指す表現になっています。

- $100 million opening weekend で「（興行収入が）1 億ドル（を超える）公開週末」ということです。

- theater の語源はギリシア語の「見る場所」theatron。ここから「劇場」という名詞になっています。米、豪、NZ では「映画館」＝ movie theater の意味でも日常的に使われます。ちなみに、英国では「映画館」は cinema が一般的になっています。

「『トップガン マーヴェリック』、トム・クルーズ初の公開週末興収1億ドル突破」

『トップガン マーヴェリック』が公開直後3日間の北米映画館でのチケット売上が推定1億2400万ドル（約157億円）にのぼり、ハリウッドのスーパースター、トム・クルーズにとっては公開週末に興収1億ドルを突破した初の作品となった。

2022年6月1日

win にはこんな使い方も

win は通常「勝利する」「～を勝ち取る」「～を獲得する」という動詞として頻出ですが、win A B と目的語をふたつ取る場合「A に B を獲得させる」→「A に B をもたらす」という意味になります。そこで、タイトルは「『トップガン マーヴェリック』がトム・クルーズに初の興収1億ドル（超えの）公開週末をもたらす」→「『トップガン マーヴェリック』が、トム・クルーズにとって初の、公開週末に興収1億ドルを突破作品となる」ということですね。

BTS Visits White House to Discuss Hate Crimes

K-pop boy idol group BTS visited the White House on Tuesday to meet with President Joe Biden and discuss hate crimes targeting Asian Americans.   Jun2,2022

CHECK! ▮▮▮▮▶

☐ **K-pop boy idol group** … Kポップ男性アイドルグループ

☐ **discuss** [dɪskʌ́s] … ～について話し合う、意見を交わす

☐ **hate crime** … ヘイトクライム、憎悪犯罪

☐ **target** [tɑ́:rgət] … ～を標的にする

☐ **Asian American(s)** … アジア系米国人

≡　　　　　　　　訳出のポイント

● discuss の語源は「揺さぶられて粉々になった」「分散させられた」という意のラテン語 discussus。ここから「言葉を揺さぶって粉々にする」→「話し合う」「討論（議論）する」「意見を出し合う」という動詞となっています。

● hate は「憎悪」「憎しみ（の念）」「嫌悪」という名詞なので、hate crime は直訳すると「憎悪犯罪」。"特定の人種、国、宗教に対する偏見、差別にもとづく憎悪・怨恨による犯罪" を意味しています。日本語では「ヘイトクライム」あるいは「憎悪犯罪」と訳されていますね。

● 2020 年に新型コロナが中国から世界に拡大したことをきっかけに、米国内ではアジア系住民への憎悪犯罪が増加しました。今回はその hate crime について意見を交換する目的で、バイデン大統領がBTSをホワイトハウスに招きました。大統領との面会に先立って行われた記者会見で、メンバーたちは社会における diversity「多様性」の大切さを訴えたということです。

「BTSがホワイトハウス訪問、ヘイトクライムについて意見交換」

Kポップ男性アイドルグループ、ＢＴＳが火曜日、ホワイトハウスを訪れジョー・バイデン米大統領と会談した。アジア系米国人に対するヘイトクライムについて意見を交換した。

2022年6月2日

今日の
ポイント

動詞としての target

target はもともと射撃や弓術などの「的」「標的」「攻撃目標」を意味する名詞。

「～を的（目標）にする」「～を攻撃目標（対象）にする」という動詞としてもよく使われます。

本文末尾の hate crimes targeting Asian Americans の部分は「アジア系米国人を対象にするヘイトクライム」→「アジア系米国人に対するヘイトクライム」となっています。

Rafael Nadal Wins 14th French Open Title

Rafael Nadal claimed a record-extending 14th title at the French Open by defeating Casper Ruud from Norway in straight sets.　　Jun7,2022

CHECK! ▌▌▌▌▶

- [ ] **win (=claim) title** … 優勝する
- [ ] **record-extending** …（自身の）記録を伸ばす
- [ ] **defeat ～ in straight sets** … ～にストレートで勝つ

≡　　　　　訳出のポイント

- title は本、絵画、音楽などの「題」「題名」「見出し」という名詞としておなじみですね。英字新聞では、スポーツなど競技における「選手権」「タイトル」という意味でも頻出です。

- win (the) title あるいは claim (the) title で「タイトルを勝ち取る」→「勝利する」「優勝する」。今日のタイトル win 14th French Open title で「14度目の全仏オープンのタイトルを獲得する」→「14度目の全仏オープン優勝を果たす」。

- テニスの四大大会第2戦、全仏オープンの男子シングルスで、ラファエル・ナダルが2年ぶり14回目の優勝を果たしました。同時に男子のグランドスラム最多勝利数も、自身の記録を22勝に伸ばした形です。36歳のナダルは、男子シングルスでは全仏オープン史上最年長チャンピオンにもなりました。今回数々の記録を更新したナダルですが、試合後には左足のけがについて言及し、今大会のように毎試合前に痛み止め麻酔を打つ状況が続くようであれば "I can't and I don't want to keep going"「（プレーを）続けられないし、続けたいとも思わない」と、今後の競技生活については不透明だとの発言をしています。

「ラファエル・ナダル、14度目の全仏オープン制覇」

ラファエル・ナダルがノルウェーのカスパー・ルードにストレート勝ちし、自身の記録を更新する14度目の全仏オープン制覇を達成した。

2022年6月7日

「記録を伸ばす」を英語で言うと

extend a [the] record は「記録を伸ばす」という成句。通例として break a [the] record が「(自分以外の誰かの)記録を破る」→「記録を更新する」という意味合いに使われるのに対して"自分が持っている記録をさらに伸ばす"という場合に使われる表現になっています。record-extending は上述の成句が逆転形容詞化した語で、「(自身の)記録を伸ばす」→「自身の記録を更新する」ということです。そこで、claimed a record-extending 14th title at the French Open の部分は「自身の記録を更新する14回目の全仏オープン優勝を果たした」→「自身の記録を更新する14度目の全仏オープン制覇を達成した」となっています。

Former McDonald's Restaurants Reopen in Russia

Fifteen former McDonald's restaurants in and around Moscow reopened Sunday under new Russian ownership and a new name after the American fast food giant permanently exited the country last month following Russia's invasion of Ukraine.   Jun14,2022

CHECK! ▮▮▮▮▶

- [ ] **former** [fɔ́:rmər] … 元〜、旧〜
- [ ] **reopen** [rì:óup(ə)n] … 再開する、再オープンする
- [ ] **under new ownership (name)** … 新しい所有者のもとで
- [ ] **fast food giant** … ファストフード大手
- [ ] **permanently exit** … 永久に立ち去る → 撤退する
- [ ] **following** [fɑ́:louɪŋ] … 〜を受けて
- [ ] **invasion** [ɪnvéɪʒən] … 侵攻

訳出のポイント

● in and around 〜 は「〜内とその周辺で」。in and around Moscow だと「モスクワ市内とその周辺で」→「モスクワ市内とその近郊で」ということですね。

● ownership は「所有者であること」「所有」「所有権」。under new ownership で「新しい所有者のもとで」という言い方になります。ここでは under new Russian ownership で「新しいロシア人所有者のもとで」→「新たにロシア人の所有のもとで」ということですね。

≡ 対訳

「ロシアの旧マクドナルド、再オープン」

ロシアによるウクライナ侵攻を受けて米ファストフード
大手のマクドナルドは先月同国から撤退したが、モスク
ワ市内および近郊にある旧店舗15店が日曜日に、新たに
ロシア人の所有のもとで、新しい名前で再オープンした。

2022年6月14日

TODAY'S POINT
**今日の
ポイント**

動詞としての exit

exit はもともと「出口」「退出口」を意味する名詞。ここか
ら、「出る」「立ち去る」「退出する」という動詞としてもし
ばしば登場する語となっています。

今日の場合は permanently exited the country で「その国
（＝ロシア）から永久に立ち去った」→「（ロシアから）撤
退した」というわけですね。

Japan Passes Amendment Bill to Introduce Prison Terms for Online Insults

An amendment bill to make online insults punishable by jail time and fines was passed by the Upper House on Monday, marking a significant step in tackling cyberbullying in Japan.   Jun15,2022

CHECK! ▮▮▮▶

- [ ] **pass (an) amendment bill** … 改正法案を可決する
- [ ] **introduce prison term(s)** … 懲役刑を導入する
- [ ] **online insult(s)** … ネット中傷
- [ ] **punishable by jail time (fines)** … 懲役刑（罰金刑）に処される
- [ ] **(the) Upper House** …【日本】参議院
- [ ] **mark a significant step** … 大きな一歩となる
- [ ] **cyberbullying** [sáibərbùli:iŋ] … ネットいじめ

☰　　　　　　　訳出のポイント

● pass はもともと「通り過ぎる」「通過する」「追い越す」などの意。試験などに「パスする」「合格する」「受かる」という意味でもよく使われますね。英字新聞では法案、提案などが「通過する」「可決される」あるいは法案、提案などを「通過させる」「可決する」という意味でも頻出です。

● amendment は「修正（改正）」「修正（改正）案」で、amendment bill だと「修正法案」「改正法案」になっています。したがって pass (an) amendment bill で「改正法案を可決する」。

「日本で改正法案可決、ネット中傷に懲役刑導入」

ネット中傷に対して懲役刑および罰金刑に処すことを可能にする改正法案が、月曜日、日本の参議院で可決され、同国のネットいじめへの取り組みにおける重要な一歩となった。

2022 年 6 月 15 日

TODAY'S POINT
今日の
ポイント

punishable をどう訳すか

punishable は【punish（罰する）+ -able（…できる、…に適した）】という成り立ちの形容詞。
「罰することのできる」「罰すべき」「罰を受けて当然の」という意味になっています。
jail time が「刑務所での期間」→「懲役刑」、fine が「罰金（刑）」なので、punishable by jail time and fines の部分は「懲役刑および罰金刑によって罰することができる」「懲役刑および罰金刑によって罰するべきである」というわけです。

BTS Announces 'Hiatus'

South Korean boy band BTS announced on Tuesday that the group will take a break to pursue solo projects and grow as individuals.

Jun 16, 2022

CHECK! ▮▮▮▮▶

- [ ] **hiatus** [haɪéɪtəs] … 活動休止
- [ ] **boy band** … 男性アイドルグループ
- [ ] **take a break** … 中断する
- [ ] **pursue solo projects** … ソロ活動を行う
- [ ] **grow as individuals** … 個人として成長する

≡ **訳出のポイント**

● hiatus は「すき間」「割れ目」を意味する名詞。ここから、交渉、仕事、活動などの（一時的な）「中断」「休止」という意味でも用いられます。今日のタイトル BTS Announces 'Hiatus' は、「BTS が "活動休止" を発表した」ですね。

● break は「壊す」「割る」「折る」などの意味の動詞ですが、人が行為などを「壊す」→「中断する」「やめる」という意味合いでも使われます。そして、ここから活動などの「休止」「中断」「休憩」という名詞としても、おなじみですね。

● take a break は「休憩する」「ひと休みする」、活動などを一時的に「中断する」「休止する」として頻出。今日の場合 the group will take a break で「そのグループ（BTS）は（活動を）中断する」→「グループとしての活動を中断する」。

● grow は「成長する」「育つ」「大きくなる」という動詞。grow as an individual で「個人として成長する」。今日の場合はメンバー 7 人が "個人として成長する" ということなので、複数形で grow as individuals となっているわけです。

「BTS が " 活動休止 " を発表」

韓国の男性アイドルグループ、BTS が火曜日、グループとしての活動を一時中断すると発表した。ソロ活動を行い、個人として成長するためだという。

2022 年 6 月 16 日

TODAY'S POINT
今日の
ポイント

「追い求める」 pursue

pursue の原意は「後について行く」→「～を追う」「～を追跡する」。ここから、目的、快楽などを「追い求める」「追求する」、仕事、研究などに「従事する」「続ける」「実行する」という意味合いでも使われます。したがって pursue solo projects は「ソロ活動に従事する」「ソロ活動を行う」。

Japan's NTT to Make Remote Work Norm for 30,000 Employees

Japan's telecommunications giant, Nippon Telegraph and Telephone Corp will make remote work its new norm for about 30,000 employees from July, considering visits to the office as business trips.   Jun20,2022

CHECK! |||||▶

- [ ] **NTT (=Nippon Telegraph and Telephone Corp)** … NTT、日本電信電話株式会社
- [ ] **remote work** … リモート勤務 → テレワーク
- [ ] **norm** [nɔ́:ʌm] … 標準、基準
- [ ] **employee** [ɪmplɔ́ii:] … 従業員、社員
- [ ] **telecommunications giant** … 通信業界大手
- [ ] **consider A as B** … A を B とみなす
- [ ] **visit(s) to the office** … オフィスへの訪問 → 出社
- [ ] **business trip** … 出張

≡   訳出のポイント

● 日本語では、オフィスに出社せずに自宅などで仕事をすること を「テレワーク」と言うのが定着していますね。英語でも telework という言葉はありますが、実は remote work の方が 一般的に使われます。このふたつの表現にはあまり大きな違い はありませんが、remote work の方が「より遠い場所」「遠隔 地」から勤務する、また働き方（就労時間や勤務形態など）の 自由度がより高い、といったニュアンスを含みます。ただし日 本語では「テレワーク」と訳すのが通例となっているようです。

「日本のNTTがテレワークを標準に、社員3万人対象」

日本の通信業界大手の日本電信電話株式会社（NTT）が7月から、約3万人の社員を対象にテレワークを新標準とする。オフィスへの出社は出張扱いになるという。

2022年6月20日

consider の訳し方

considerは「よく考える」「検討する」「～と考える」「～とみなす（認める）」という動詞。consider A as B で「AをBとみなす」「AをBとして認める」という言い方になっています。

そこで、本文末尾 considering visits to the office as business trips の部分は「オフィスを訪れることを出張として認める」→「オフィスへの出社を出張扱いにする」というわけですね。

US Open: Fitzpatrick Wins First Major

English golfer Matt Fitzpatrick won the 122nd US Open on Sunday to clinch his first US Tour title, following a roller-coaster battle with world No. 1 Scottie Scheffler and Will Zalatoris.

Jun21,2022

CHECK! ▮▮▮▶

- [ ] **win (one's) first major** … メジャー初勝利を飾る
- [ ] **clinch one's first title** … 初優勝を果たす
- [ ] **following** [fáːloʊɪŋ] … 〜に続いて、〜の末に
- [ ] **roller - coaster battle** … 波瀾万丈の戦い

≡　　　　　　　　訳出のポイント

- くぎの先を曲げて〜を「固定する」が原意の動詞 clinch。英字新聞では、主にスポーツ記事で「(勝利を) 固定する」→「(勝利を) 確定する」「優勝を決める (飾る)」という意味で頻出です。clinch one's _th title で「__度目の勝利を決める」「__回目の優勝を果たす」という言い方になります。今日の場合は clinch his first US Tour title で「初めての米ツアー優勝を果たす」→「米ツアー初勝利を果たす」となります。

- 前置詞 following は主に新聞などの報道で多用される単語なので、しっかり再確認しておきましょう。意味的には after 〜、as a result of 〜と同じで「〜に続いて」「〜の後で」「〜を受けて」の意になります。

「全米オープン、フィッツパトリックがメジャー初V」

日曜日、英国人ゴルフ選手のマット・フィッツパトリックが、世界ランキング1位のスコッティ・シェフラーとウィル・ザラトリスとの波瀾万丈の戦いの末、第122回全米オープンを制し、米ツアー初勝利を果たした。

2022 年 6 月 21 日

TODAY'S POINT
今日の
ポイント

ジェットコースターを英語で言うと

roller coaster は遊園地などの「ジェットコースター」。
ちなみに英語で jet coaster はほとんど使われないので、ほぼ和製英語と考えてかまわないでしょう。
この名詞 roller coaster から派生した roller-coaster はジェットコースターのように「急激に動く」「急激に変化する」→「浮き沈みの激しい」「波瀾万丈の」という形容詞になっています。
そこで、following a roller-coaster battle with 〜の部分は「〜との波瀾万丈の戦いの後で」→「〜との波瀾万丈の戦いの末に」というわけです。

Russian Journalist Auctions off Nobel Medal for $103.5m

Russian Journalist Dmitry Muratov auctioned off his Nobel Peace Prize medal for $103.5 million. He said the proceeds would go to the UN Children's Fund to help children displaced by the Ukraine war.　　　　Jun22,2022

CHECK! ▐▐▐▐▶

- ☐ **auction off** … 競売で売る、競売にかける
- ☐ **Nobel (Peace Prize) medal** … ノーベル賞（平和賞）メダル
- ☐ **proceeds** [prəsíːdz] … 売上金
- ☐ **UN Children's Fund** … 国連児童基金　(=ユニセフ)
- ☐ **(be) displaced by** … 〜で行き場を失くす
- ☐ **Ukraine war** … ウクライナ戦争

≡　　　　　　　　**訳出のポイント**

- 「オークション」「競売」という名詞でおなじみの auction は、「〜を競売する、〜を競売にかける」という動詞としても使われます。しばしば、前置詞 off をともない auction off 〜「〜を競売にかける」「〜をオークションで売る」という形で登場します。

- displace は「置く」place の前に "逆" の意味を作る接頭辞 dis- が付いたもので「置く（の逆）」→「置かない」→「追放する」が原意です。ここから、「〜を（通常の場所・正しい位置から）置き換える」「動かす」「〜を（強制）退去させる」「〜を追放する」といった意味の動詞となっています。その過去分詞が形容詞化した displaced は「追放された」「住むところがなくなった」「行き場がなくなった」の意。displaced people だと「避難民」「難民」の意味になります。

「ロシア人ジャーナリストのノーベル賞メダル、1億350万ドルで落札」

ロシア人ジャーナリストのドミトリー・ムラトフ氏のノーベル平和賞メダルが競売にかけられ、1億350万ドル（約140億円）で落札された。ムラトフ氏によると、売上金はウクライナ戦争で行き場をなくした子どもたちを支援するために国連児童基金に寄付されるという。

2022年6月22日

TODAY'S POINT

**今日の
ポイント**

動詞でも名詞でも使われる proceed

proceed はもともと「〜に進む」「〜へ向かう」という動詞で、「発生する」「起きる」という意味にも使われます。
ここから、「（発生した）売上（高）」「収入」「利益」という名詞になりますが、proceeds と複数形で使うのが通例です。特に、競売などによる「売上金」を指すことが多い点にも注意しておきましょう。
the proceeds go to 〜 で「その売上金は〜へ行く」→「その売上金は〜に寄付される」という表現になっています。その際、〜の部分では具体的なチャリティー名などが示される形になりますね。
したがって今日の本文第2文 the proceeds would go to the UN Children's Fund は「（競売の）売上金は国連児童基金に寄付される」というわけです。

Biden Signs Gun Control Bill into Law

The first significant US gun control bill in 28 years was signed into law by President Joe Biden to address continuing gun violence in the country.　　　　　　　　　　　Jun27,2022

CHECK! ▶

- [ ] **sign ～ into law** … ～に署名して法律として成立させる
- [ ] **gun control bill** … 銃規制法案
- [ ] **significant** [sɪgnífɪkənt] … 重要な、意味のある → 本格的な
- [ ] **address** [ədrés] … ～に対処する
- [ ] **continuing gun violence** … 絶えない銃による暴力

☰　　　　　　訳出のポイント

- bill は「法案」「議案」。議会で可決されると act「法令」となり、それが（大統領の署名などにより）law「法」「法律」となります。また、sign は「～に署名する」という動詞なので、sign ～ into law で「～に署名をして法律にする」「～に署名して法律として成立させる」となります。

- address は「住所」「宛名」という名詞としておなじみですね。英字新聞では「～に焦点を当てる」→（問題など）「～を扱う」「～に対処する」という意味の動詞として頻出なので、注意しましょう。ここでは、to address continuing gun violence in the country で「その国（＝米国）において絶えない銃による暴力に対処するために」→「米国内で絶えなく起こる銃による暴力に対処するため」。ちなみに、「続く」「続ける」という動詞 continue の現在分詞が形容詞化した continuing は「続いている」→「連続する」「継続的な」→「止まることがない」「絶えない」。

「米で銃規制法案が成立、バイデン氏が署名」

米国内で絶えなく起こる銃による暴力に対処するため、同国で28年ぶりとなる本格的な銃規制法案にジョー・バイデン大統領が署名し、法律として成立した。

2022年6月27日

柔軟に訳し分けたい significant

significant の原意は「意味のある」「意義のある」。

ここから「重要な」「重大な」という形容詞としてよく使われる語です。

「大きな意味を持つ」「影響が大きい」という意味合いで広範囲に用いられるので、日本語に訳す場合は、後に付く名詞や文脈によって、柔軟に訳し分けたい単語でもあります。

今日の場合は the first significant gun control bill in 28 years で「この28年で最初の重要な（大きな影響力を持つ）銃規制法案」→「28年ぶりの本格的な銃規制法案」となっています。

Rainy Season Ends Early with Heat Wave in Tokyo

Amid soaring temperatures of above 35℃ ,the Japanese Meteorological Agency declared the end of this year's rainy season in Tokyo and surrounding areas on June 27, the earliest since records began in 1951.　　　　　Jun29,2022

CHECK! ▐▐▐▐▶

- ☐ **rainy season** … 【日本】梅雨
- ☐ **heat wave** … 熱波、猛暑
- ☐ **soaring temperatures** … 急上昇する気温
- ☐ **(Japanese) Meteorological Agency** … （日本の）気象庁
- ☐ **declare** [dɪkléər] … ~を宣言する
- ☐ **surrounding areas** … 周辺地域

訳出のポイント

● rainy season は直訳すると「雨の時期」「雨の季節」。つまり、雨の多い季節。一般的には「雨季」に当たる言い方で、日本の「梅雨」の英訳にも、この rainy season が使われます。

● heat wave のそのままの意味は「熱波」。「酷暑」「猛暑」などと訳されることも多い表現です。これらを踏まえると、今日のタイトルは「猛暑とともに、東京で梅雨が早く終わる」→「東京で、猛暑とともに早くも梅雨が明ける」。

● 本文末尾 the earliest since records began in 1951 は、直前の June 27 にかかる文節で「1951 年に記録が始まった後で最も早い（6 月 27 日に梅雨明けを宣言した）」→「1951 年の記録開始以来最も早い（6 月 27 日に梅雨明けを宣言した）」。対訳では、この部分を独立させて第 2 文としています。

☰　　　　　　　　　　　　対訳

「東京、猛暑とともに早くも梅雨明け」

気温が35度以上に急上昇する中、日本の気象庁は6月27日に東京および周辺地域で今年の梅雨明けを宣言した。1951年の記録開始以来、最も早い梅雨明けだという。

2022年6月29日

TODAY'S POINT
**今日の
ポイント**

温度の言い方

英語で気温、温度を示す場合、35度は thirty-five degrees Celsius あるいは thirty-five degrees centigrade と言います。
degree は「度」で、Celsius は「セ氏（摂氏）」。
centigrade は「百分度」という名詞で、意味的には Celsius と同じになっています。

July,2022

2022年7月

KDDI Mobile Services Disrupted Throughout Japan

Millions of customers of KDDI, one of Japan's main telecom companies, were affected by major disruptions to its phone and data services for more than twenty-four hours over the weekend.

Jul4,2022

CHECK! ▐▐▐▶

- ☐ **mobile services** … 携帯サービス
- ☐ **(be) disrupted** [disrʌ́ptid] … 中断される → 障害が生じる
- ☐ **telecom company** … 通信会社
- ☐ **be affected by** … 〜に影響を受ける
- ☐ **major disruptions** … 大きな混乱
- ☐ **over the weekend** … 週末に、週末の間

≡　　　　　　　訳出のポイント

- ●動詞 affect は「〜に作用する」「〜に影響を与える」の意。そこで、be affected by 〜 で「〜によって影響を与えられる」→「に影響を受ける」という言い方になります。

- ● disruption は動詞 disrupt から派生した名詞で国家などの「分裂」「崩壊」、会合、交通、通信、活動などの「混乱」「中断」「途絶」を意味します。今日の場合は major disruptions to its phone and data service「その（= KDDI の）電話およびデータ・サービスの大きな混乱」。

「日本全国で KDDI 携帯サービスに障害」

週末に、日本の主要な通信会社のひとつである KDDI の通話およびデータ・サービスで 24 時間以上にわたって大きな混乱が生じ、何百万人もの顧客が影響を受けた。

2022 年 7 月 4 日

TODAY'S POINT

今日の
ポイント

disrupt の受動態は英字新聞頻出

disrupt はもともと「～を分裂させる」「～を粉砕する」「～を崩壊させる」という動詞。

ここから、会合、交通、通信、活動などを「混乱させる」「中断させる」「途絶させる」という意味でよく使われる単語となっています。

特に英字新聞では受動態の be disrupted という形が、通信、サービスなどが「混乱させられる」「中断される」→「混乱が生じる」「障害が生じる」という文脈で頻出です。

Six Killed After Glacier Collapses in Italy

At least six people were killed and nine injured after a glacier collapsed near the top of Mt. Marmolada in northern Italy on Sunday.

Jul5,2022

CHECK! ▐▐▐▐▶

- ☐ **glacier** [gléiʃər] … 氷河
- ☐ **collapse** [kəlǽps] … 崩落する
- ☐ **Mt. Marmolada** …【イタリア】マルモラーダ山

☰	訳出のポイント

- glacier の語源は「氷」を意味するラテン語 glacies。ここから「氷河」を意味する名詞となっています。

- 名詞 top は「頂上」「最上部」「先端」「てっぺん」などの意でおなじみですね。そこで near the top of Mt. Marmolada の部分は「マルモラーダ山の頂上の近くで」「マルモラーダ山の山頂近くで」となっています。

- イタリア北部にある標高 3342 メートルのマルモラーダ山。アルプスでも人気の景勝地ドロミテ山脈の最高峰だそうです。その山頂近くの氷河の一部が崩落し、引き起こされた雪崩に巻き込まれた登山者 6 人が死亡、9 人が負傷したというニュースでした。ほかにも複数の行方不明者がいるとみられ、犠牲者数がさらに増えることも懸念されます。報道によると、氷河の最上部では前日に過去最高となる 10 度まで気温が上昇。酷暑で氷が溶け、氷河の崩落を引き起こした可能性が指摘されています。

「イタリアで氷河崩落、6人死亡」

日曜日、イタリア北部マルモラーダ山の山頂近くで氷河
が崩落し、少なくとも6人が死亡、9人が負傷した。

2022年7月5日

TODAY'S POINT
今日の
ポイント

さまざまに訳される collapse

collapse はもともと【col-（一緒に）＋ -lapse（落ちる）】と
いう成り立ちで、「一緒に落ちる」→「崩れる」「崩壊する」
という意味の動詞。

英字新聞では建物、足場、屋根などが「崩れる」「崩壊す
る」「崩落する」という意味でしばしば登場する単語です
が、計画、事業などが「つぶれる」「失敗する」、組織など
が「崩壊する」、あるいは人が「崩れるように倒れる」「卒
倒する」といった意味でも使われます。

今日の場合は (a) gracier collapsed で「氷河が崩落した」
ということですね。

Cloned Mice Created from Freeze-dried Cells in World's First

Japanese researchers have successfully created cloned mice using freeze-dried somatic cells for the first time in the world, a breakthrough that could help revive populations of endangered species.   Jul8,2022

CHECK! ▮▮▮▮▶

- [ ] **create cloned mice** … クローンマウスを作り出す
- [ ] **freeze-dried (somatic) cells** … 凍結乾燥（体）細胞
- [ ] **successfully + V** … ～することに成功する
- [ ] **(the) world's first** … 世界で最初（のできごと）
- [ ] **breakthrough** [bréikθrù:] … ブレイクスルー
- [ ] **revive** [rɪváɪv] … 復活させる、復興させる
- [ ] **population** [pɑ̀:pjəléiʃən] **(s)** … 個体数
- [ ] **endangered species** … 絶滅危惧種

≡　　　　　　　　　**訳出のポイント**

- break through は「打ち破る」「突破する」という成句。ここから、科学者などが（努力の末に）「大発見をする」という意味でもしばしば使われます。この成句が名詞化したのが breakthrough で研究などにおける「大発見」「大成功」「躍進への突破口」の意味になります。

「凍結乾燥細胞からクローンマウス、世界初」

日本の研究チームが、凍結乾燥した体細胞を用いてクローンマウスを作り出すことに世界で初めて成功し、絶滅危惧種の個体数復活に役立つ可能性があるブレイクスルーとなった。

2022 年 7 月 8 日

名詞として使われることもある first

first は「1 番目の」「最初の」という形容詞としておなじみですが、「(〜する) 最初の人 (物、できごと)」という名詞としても使われ、書物の「初版」などを指す場合もあります。

ここから world's first だと「世界で最初の人」「世界で最初のもの」「世界で最初のできごと」という意味になるわけです。このとき、the world's first と定冠詞 the がつくのが通例ですが、今日の場合はタイトルなので省略されています。in (the) world's first で「世界で最初のできごとの中で」→「世界初の研究で」という意味合いになっていますね。

Japan's Ex-PM Shinzo Abe Shot and Killed

Japan's former Prime Minister Shinzo Abe died after being shot while he was giving a campaign speech Friday in the city of Nara, western Japan. Police immediately arrested a 41-year-old former member of the Maritime Self-Defense Force who shot Abe at close range with a homemade gun.   Jul11,2022

CHECK! ▮▮▮▮▶

☐ **ex-PM (=former Prime Minister)** … 元総理大臣、元首相
☐ **give a campaign speech** … 選挙応援の演説をする
☐ **immediately** [ɪmíːdiətli] … すぐに、即座に
☐ **arrest** [ərést] … ～を逮捕する
☐ **Maritime Self-Defense Force** … 海上自衛隊
☐ **shoot ～ at close range** … ～を至近距離から撃つ
☐ **homemade gun** … 自作銃

三	訳出のポイント

● Maritime Self-Defense Force は日本の「海上自衛隊」。former member of the Maritime Self-Defense Force の部分は「海上自衛隊の元メンバー」→「元海上自衛隊員」。

● close は距離、時間的に「接近した」「ごく近い」という形容詞です。at close range だと「近距離で」「至近距離で」という言い方になります。ここでは shoot ～ at close range「～を至近距離から撃つ」という表現で使われています。

「日本の安倍晋三元首相、銃撃されて死亡」

日本の安倍晋三元首相が金曜日、日本西部の奈良市で選挙応援の演説中に銃で撃たれ、死亡した。警察は直後に、安倍氏を至近距離から自作銃で撃った 41 歳の元海上自衛隊員を逮捕した。

2022 年 7 月 11 日

TODAY'S POINT
今日の
ポイント

campaign には「選挙運動」の意味も

campaign の語源は「野原」を意味するラテン語 campus。ここから「野原」→「戦場」→「戦い」→「(政治的、社会的)運動」「組織的活動」「キャンペーン」を意味する名詞です。

米国では特に「選挙運動」「遊説」の意味でよく使われる単語なので、しっかり確認しておきましょう。

今日の場合は campaign speech で「選挙の応援演説」、give a campaign speech で「選挙応援の演説をする」という言い方になっています。

LDP Scores Big Victory in Japan's Upper House Election

Japan's ruling Liberal Democratic Party scored a sweeping victory in a House of Councillors election on Sunday, two days after former leader and Prime Minister Shinzo Abe was shot dead.   Jul12,2022

CHECK! ▐▐▐▐▶

- ☐ **score a big (=sweeping) victory** … 大勝（圧勝）する
- ☐ **Upper House (=House of Councillors) election** … 【日本】参議院選挙
- ☐ **LDP (=Liberal Democratic Party)** … 【日本】自由民主党
- ☐ **ruling** [rúːlɪŋ] … 支配する → 与党の
- ☐ **be shot dead** … 射殺される

☰ 訳出のポイント

- LDP は Liberal Democratic Party の略。日本の「自由民主党」「自民党」ですね。
- 日本の国会（Diet）における「参議院」は (the) House of Councillors。あるいは (the) Upper House とも言います。これを機に、「衆議院」(the) House of Representatives あるいは (the) Lower House とともに、確認しておきましょう。
- 本文後半部分の former leader「元指導者」は本文前半の ruling Liberal Democratic Party「与党・自由民主党」の「元指導者」を意味しています。つまり、自由民主党の「元総裁」ということですね。

「日本の参議院選、自民党が大勝」

日曜日に行われた日本の参議院選挙で、与党・自由民主党が圧倒的な勝利を収めた。同党の元総裁で元首相の安倍晋三氏の射殺から2日後のことだった。

2022年7月12日

TODAY'S POINT
今日の
ポイント

「刻み目」という意味だった score

score の語源は「刻み目」「20」を意味する古ノルド語の skor。羊飼いが羊を数えるときに［20頭］ごとに棒に［刻み目］をつけたことに由来します。

ここから競技などの「得点」「得点記録」「スコア」、転じて、試験・テストの「点数」「成績」を意味する名詞となっています。また、競技、テストなどで得点、点数を「取る」「得点する」→勝利、成功などを「得る」「獲得する」「収める」という意味の動詞としてもしばしば使われます。

そこで、score a big victory は「大きな勝利を得る」「大勝を収める」という言い方になるわけです。

また、sweeping は「広範囲の」「全般的な」という形容詞で、勝利などが「完全な」「決定的な」「圧倒的な」という意味合いでもしばしば使われます。

したがって score a sweeping victory は「圧倒的な勝利を収める」「圧勝する」ということですね。

The Open: Cameron Smith Claims First Major with Stunning Victory

Cameron Smith snatched the 150th Open Championship title in St. Andrews, Scotland. The 28-year-old Australian claimed his first major after playing an incredible back nine, which included five straight birdies.   Jul19,2022

CHECK! ⅢⅢ▶

- [ ] **The Open** … 【ゴルフ】全英オープン
- [ ] **claim one's first major** … メジャーを初制覇する
- [ ] **stunning victory** … 衝撃的な勝利
- [ ] **snatch** [snǽtʃ] … ～を奪う
- [ ] **incredible** [ɪnkrédəbl] … （驚くほど）素晴らしい
- [ ] **back nine** … 【ゴルフ】バックナイン、後半9ホール
- [ ] **include** [ɪnklúːd] … ～を含む
- [ ] **straight birdies** … 【ゴルフ】連続バーディー

☰	訳出のポイント

- stun はもともと「～を気絶させる」「～を（失神するほど）驚かせる」という動詞。ここから、「～を打ち負かす」「～を圧倒する」という意味合いでも使われます。この動詞 stun の現在分詞が形容詞化した stunning は「気絶させるような」「呆然とさせるような」「衝撃的な」→気絶するほど「美しい」「素晴らしい」「見事な」という意味になっています。

- back nine は back nine holes とも言います。ゴルフ用語で「バックナイン」「後半9ホール」ですね。

≡   対訳

「全英オープン、キャメロン・スミスが衝撃的なメジャー初 V」

スコットランドのセント・アンドリュースで行われた第150回全英オープンで、キャメロン・スミスが優勝を奪った。オーストラリア出身で28歳のスミスは、後半9ホールでは5連続バーディーを含む素晴らしいプレーを見せ、メジャー初制覇達成となった。

2022年7月19日

TODAY'S POINT
**今日の
ポイント**

Snatch に込められた深い意味

snatch の語源は「突然すばやくつかむ」という中期英語 snacchen。

ここから、物、機会などを「ひったくる」「さっと取る」「奪う」という動詞となっています。

snatched the 150th Open Championship title の部分は「第150回全英オープンの勝利（優勝）を奪った」ということですね。実は snatch には最終日を首位でスタートしたローリー・マキロイが8年ぶりのメジャー優勝を果たすだろうと期待されていたところを、スミスがその勝利を「奪った」「ひったくっていった」というニュアンスが込められています。

Europe Suffers From Ferocious Heat Wave

The UK, France, Spain and Portugal have been experiencing record-breaking temperatures as a deadly heat sweeps across Europe. More than 1,000 deaths have been attributed to the recent heat in Spain and Portugal.   Jul20,2022

CHECK! ▌▌▌▌▶

- ☐ **suffer from** … ～に見舞われる
- ☐ **ferocious (deadly) heat wave** … 猛烈な（殺人的な）熱波
- ☐ **experience** [ɪkspíəriəns] …【動詞】～を経験する
- ☐ **record-breaking temperatures** … 記録的な（最高）気温
- ☐ **sweep across** … ～中を（激しく）襲う
- ☐ **be attributed to** … 原因は～にある、～に起因する
- ☐ **recent heat** … このところ（ここ数日）の暑さ

☰	訳出のポイント

- suffer は人が苦痛など「～を経験する」、被害、損害などを「こうむる」「受ける」という動詞。suffer from ～で「～で苦しむ」「～に見舞われる」。そこで、今日のタイトルは「欧州が猛烈な熱波に見舞われる」→「欧州を猛烈な熱波が襲う」。

- attribute は人が（結果などを）「～（という原因）に帰する」という動詞。ここから、be attributed to ～「～（という原因）に帰される」→「原因は～である」「～のせいである」という言い方に。したがって、本文第2文は、直訳すると「スペインおよびポルトガルでは、1000以上の死亡がここ数日の暑さに起因している」。つまり、「スペインとポルトガル両国では、ここ数日の暑さが原因で、1000人以上が死亡した」。

「欧州、猛烈な熱波が襲う」

欧州全土が殺人的な熱波に襲われる中、英国、フランス、スペイン、ポルトガルでは記録的な高温が続いている。スペインとポルトガル両国では、ここ数日の暑さが原因で 1000 人以上が死亡しているという。

2022 年 7 月 20 日

TODAY'S POINT
今日の
ポイント

「猛烈な」「命にかかわるような」を英語で言うと

ferocious はもともと人、動物、行為などが「獰猛な」「残忍な」「凶暴な」という形容詞。

ここから「すごい」「ひどい」「猛烈な」という意味合いでもしばしば使われる語となっています。

よって (a) ferocious heat wave で「猛烈な熱波」ということですね。

deadly は「命にかかわるような」「命取りになるような」「命を奪うほどの」という形容詞。

Yuzuru Hanyu Announces Retirement From Competitive Figure Skating

Japan's two-time Olympic champion Yuzuru Hanyu, who is considered to be one of the greatest male figure skaters of all time, announced his retirement from competition on Tuesday.   Jul21,2022

CHECK! ▮▮▮▮▶

- [ ] **announce (one's) retirement from** … ～からの引退を発表する
- [ ] **competitive figure skating** … フィギュアスケート競技
- [ ] **_-time Olympic champion** … 五輪優勝__回の
- [ ] **be considered to be** … ～だと考えられる、目される
- [ ] **the greatest ～ of all time** … 史上最高の～
- [ ] **competition** [kɑ̀:mpətíʃən] … 競技（会）

≡　　　　訳出のポイント

- _-time ～ champion は「～で__回優勝した者」→「～の優勝を__回している人」という言い方。two-time Olympic champion で「オリンピックで2回優勝した（人）」→「2度の五輪で金メダルを獲得した（人）」ということです。

- of all time は直訳すると「全ての時（＝時代）の」。ここから「古今を通じて（まれに見る）」→「後にも先にもない」「空前の」という成句になっています。そして、the greatest ～ of all time だと「これまでで最高の～」「史上最高の～」という言い方ですね。

「羽生結弦、競技フィギュアから引退を発表」

2度の五輪で金メダルを獲得し、史上最高の男性フィギュアスケート選手の1人と目される日本の羽生結弦選手が火曜日、競技からの引退を発表した。

2022年7月21日

TODAY'S POINT

今日の
ポイント

competitive「競争的な」

compete は「競争する」「競う」という動詞。ここから「競技に参加する」という意味にもなっています。

この動詞 compete から派生した形容詞 competitive は「競争的な」「競争による」の意で、「競争としての」→「競技の」という意味にもなります。a competitive sport だと「競技スポーツ」。

今日のタイトルでは、competitive figure skating で「競技としてのフィギュアスケート」→「フィギュアスケート競技」ということですね。

また、本文で登場している competition は上述の compete の名詞形で「競争」「競技」「競技会」の意味になっています。

Japan Postpones Decision to Approve 1st Domestic Oral Covid-19 Drug

A Japanese health ministry panel on Wednesday postponed a decision to approve an oral treatment against Covid-19 that was developed by domestic pharmaceutical firm Shionogi & Co. Jul22,2022

CHECK! ▮▮▮▮▶

- [ ] **postpone a decision** … 決定を見送る
- [ ] **approve** [əprúːv] … ～を承認する
- [ ] **domestic oral drug** … 国産の新型コロナ飲み薬
- [ ] **Japanese health ministry** …【日本】厚生労働省
- [ ] **panel** [pǽnl] … 審議会
- [ ] **oral treatment** … 経口治療（薬）
- [ ] **pharmaceutical firm** … 製薬会社
- [ ] **Shionogi & Co.** …【日本】塩野義製薬

≡ 　　　　　　　　　訳出のポイント

● postpone は【post-（後に）＋ -pone（置く）】という成り立ちの語。ここから「後ろに置く」→「後回しにする」「延期する」「引き延ばす」という動詞となっています。postpone a decision で「決定を後回しにする」→「決定を先送りにする」「決定を見送る」という言い方ですね。したがって postpone a decision to approve ～ で「～を承認する決定を見送る」→「～の承認を見送る」というわけです。

「日本、国産初コロナ飲み薬の承認見送り」

厚生労働省の審議会は水曜日、国内企業の塩野義製薬が開発した新型コロナウイルス感染症に対する経口治療薬の承認を見送った。

2022 年 7 月 22 日

TODAY'S POINT
今日の
ポイント

「家庭の」「国内の」domestic

domestic の語源は「家族の」というラテン語 domesticus。ここから「家庭の」「家庭内の」「家族の」「家事の」あるいは「家庭的な」「家庭を愛する」という形容詞になっています。そして、国を大きな単位の "家庭" と捉え、「自国の」「国内の」「国産の」という意味でも頻出の語となっています。

しっかり確認しておきましょう。

したがって domestic drug は「国産の薬」、domestic firm は「国内企業」となります。

Japan's Sakurajima Volcano Erupts

Sakurajima, a volcano located in Japan's southwestern prefecture of Kagoshima, erupted Sunday evening. The volcano alert level in the area has been raised to the highest "5" and an evacuation order was issued for nearby residents.　　　　　　　　Jul26,2022

CHECK! ▶

- [ ] **volcano** [vɑ:lkéɪnoʊ] … 火山　[ ] **erupt** [ɪrʌ́pt] … 噴火する
- [ ] **(be) located in** … ～に位置する、～にある
- [ ] **volcano alert level** … 噴火警戒レベル
- [ ] **raise to the highest** … 最高まで引き上げる
- [ ] **evacuation order** …【日本】避難指示
- [ ] **issue** [íʃuː] … ～を発令する、出す
- [ ] **nearby residents** … 近隣住民

≡　　　　　　訳出のポイント

● locate の語源は「置いた」というラテン語 locatus。ここから建物などを（ある場所に）「置く」「設ける」「定める」という動詞となっています。特に、受動態の be located in (on, at) ～「～に位置する」「～にある」という形で頻出なので、確認しておきましょう。今日の場合は a volcano (which is) located in Japan's southwestern prefecture of Kagoshima「日本の南西部の鹿児島県に位置する（ある）火山」。

● volcano alert level は直訳すると「火山警戒レベル」。つまり「火山噴火警戒レベル」のことですね。eruption alert level といっても同義になります。

☰ 対訳

「日本で火山・桜島が噴火」

日本南西部の鹿児島県にある火山・桜島が日曜夜に噴火した。周辺地域の噴火警戒レベルは最も高い「5」に引き上げられ、近隣の住民に避難指示が出された。

2022 年 7 月 26 日

TODAY'S POINT

今日の
ポイント

evacuation order の適切な訳し方

evacuation order は本来ならば「避難命令」「避難指令」と訳すべき表現です。

ただし、日本の災害対策基本法では「避難勧告」または「避難指示」という用語が使用されていることから、今日の対訳でも「避難指示」を採用しています。

したがって、an evacuation order was issued for nearby residents の部分は「近隣住民のために避難指示が発令された」→「近隣住民に避難指示が出された」というわけですね。

Japan Logs Record Daily Coronavirus Cases of 209,694

Japan confirmed 209,694 new Covid-19 cases nationwide on Wednesday, the highest number since the pandemic hit the nation.

Jul29,2022

CHECK! ▐▐▐▐▶

- [ ] **log** [lɔ́:g] …【動詞】〜を記録する
- [ ] **record** [rékərd] … 記録的な → これまでで最多の
- [ ] **daily (new) coronavirus cases** … 1 日の新型コロナ（新規）感染
- [ ] **confirm** [kənfə̀:rm] … 〜を確認する
- [ ] **nationwide** [neiʃənwàid] … 全国で
- [ ] **pandemic** [pændémɪk] …（感染症の）大流行
- [ ] **hit** [hít] …（災害などが）〜を襲う

☰　　　　　　　訳出のポイント

- もともと「打つ」「たたく」「殴る」などの意味の動詞 hit は人、場所などに「打撃を与える」→「〜を襲う」「〜を攻撃する」という意味合いでも頻出ですね。特に英字新聞では「（災害などが国・地域）を襲う」→「（国・地域が災害など）に襲われる、見舞われる」→「（国・地域で災害など）が発生する」という文脈でよく登場するので再確認しておきましょう。

- 国内の新型コロナ感染者は 27 日、新たに 20 万 9694 人確認され、過去最多を更新しました。20 万人を超えるのは 23 日以来 4 日ぶりの 2 回目です。また、WHO が 27 日に発表した、新型コロナの世界的感染状況に関する最新レポートによると、先週 1 週間の新規感染者数で日本は世界第 1 位になっています。

「日本：新型コロナ1日当たりの感染、20万9694人で過去最多」

水曜日、日本全国で新たに20万9694人の新型コロナウイルス感染が確認され、国内での大流行が始まって以来、最多数となった。

2022年7月29日

log record 〜
「これまでで最多の〜を記録する」

log は「〜を記録する」の意味でしばしば登場する動詞。
log record 〜で「これまでで最多（最大、最高）の〜を記録する」という言い方になっています。
そして、daily は「毎日の」「日常の」あるいは「日単位の」「1日当たりの」という形容詞なので、タイトルの Japan logs record daily coronavirus cases は「日本が、これまでで最多の1日当たりの新型コロナウイルス感染を記録する」→「日本で、1日当たりの新型コロナ感染が過去最多となる」ということですね。
また、本文の方では the highest number「最高数」「最多数」という表現が用いられ、後半の the highest number since the pandemic hit the nation の部分は「その（＝新型コロナ感染の）大流行がその国（＝日本）を襲って以来の最多数」→「国内での大流行が始まって以来、最多（の新規感染数)」というわけです。

August,2022

2022年8月

Debris from 'Uncontrolled' Chinese Rocket Falls back to Earth

Debris from a large Chinese Long March 5B rocket made its uncontrolled re-entry into the Earth's atmosphere on Saturday over the Indian Ocean, US Space Command said.　Aug1,2022

CHECK!

- ☐ **debris** [debríː] … 残骸
- ☐ **uncontrolled** [ʌ́nkəntrould] … 制御されていない
- ☐ **fall back to** … 〜に落ちて戻る
- ☐ **Long March 5B** …【中国】長征５号B
- ☐ **make one's re-entry into the Earth's atmosphere** … 地球大気圏に再突入する
- ☐ **Indian Ocean** … インド洋
- ☐ **US Space Command** … 米宇宙軍

訳出のポイント

● debrisの語源は「粉々にする」という古仏語debrisier。ここから、破壊されたものの「破片」「瓦礫（がれき）」「残骸」を意味する名詞となっています。フランス語を語源とする単語のため、末尾のsはsilent「無声」（発音されない）であることにも注意しましょう。英字新聞では、飛行機墜落事故、災害による建物の崩落などのニュースでしばしば登場する単語です。今日の場合は打ち上げ後に切り離されたロケットの「残骸」という意味になっています。

「中国のロケット残骸、地球へ『無制御』落下」

中国の大型ロケット「長征5号B」の残骸が、土曜日に無制御の状態でインド洋上空で地球大気圏に再突入した。米宇宙軍が伝えた。

2022年8月1日

TODAY'S POINT
今日の
ポイント

「入ること」といえば entry

名詞 entry は「入ること」の意。「入場」「入国」「入会」「入学」などさまざまな"入ること"を指して用いられます。

今日の場合は entry into the Earth's atmosphere「地球大気圏への突入」→ re-entry into the Earth's atmosphere「地球大気圏への再突入」となっています。

さらに、made its uncontrolled re-entry into the Earth's atmosphere なので「地球大気圏への制御されていない再突入をした」→「無制御の状態で地球大気圏に再突入した」というわけですね。

ちなみに、atmosphere は【atmo-（空気の）＋ -sphere（球、圏）】という成り立ちで、地球または天体を取り巻く「大気圏」を意味する名詞となっています。

ここから「雰囲気」「周囲の状況」「環境」「ムード」という意味に使われることも、確認しておきましょう。

"Smuggling McMuffins" Costs Traveler A\$ 2,664 Fine

A traveler who arrived at Darwin Airport, Northern Australia, from Bali ended up paying a fine of 2,664 Australian dollars, after two undeclared Sausage McMuffins and a ham croissant were found in the luggage.   Aug3,2022

CHECK! ▐▐▐▐▶

- ☐ **smuggle** [smʌ́gl] … 〜を密輸する
- ☐ **Sausage McMuffin(s)** … （マクドナルドの）ソーセージマックマフィン
- ☐ **cost** [kɔ́ːst] （人）〜 … （人）に〜を支払わせる
- ☐ **traveler** [trǽvələr] … 旅行者
- ☐ **fine** [fáin] … 罰金
- ☐ **end up 〜 ing** … 〜することになる、羽目になる
- ☐ **pay a fine** … 罰金を支払う
- ☐ **undeclared** [ʌ̀ndikléəd] … 未申告の
- ☐ **luggage** [iʌ́gidʒ] … 手荷物

☰ 訳出のポイント

- smuggle は「〜を密輸する」「〜をこっそり持ち込む」という動詞。そこで smuggling McMuffins は「マックマフィンをこっそり持ち込むこと」「マックマフィンの密輸」。
- end up 〜は「結局は〜になる」「〜で終わる」「〜に行き着く」という成句。〜の部分に動詞の現在分詞をとると「結局は〜する」「〜することになる」という言い方になります。
- fine は形容詞「素晴らしい」として頻出ですね。しかし、ここでは、語源が異なる別の単語で「罰金」という名詞です。

「"マックマフィン密輸" で 2664 豪ドルの罰金」

バリからオーストラリア北部ダーウィンの空港に到着した旅行者の手荷物から、未申告のソーセージマックマフィン2個とハム入りクロワッサンが見つかり、旅行者は2664豪ドル（約25万円）の罰金を支払う羽目になったという。

2022年8月3日

TODAY'S POINT
今日の
ポイント

動詞 cost は頻出

cost はもともと「値段」「代価」「費用」「経費」という名詞。ここから費用、金額が「かかる」「要する」という動詞としても頻出です。

cost（人）〜 だと「（人）に〜（という時間、労力、費用）がかかる」「（人）に〜（という犠牲、損失）を支払わせる（失わせる）」という意味合いになります。

そこで、今日のタイトルは「"マックマフィンの密輸" が旅行者に 2664 豪ドルの罰金を支払わせる」→「"マックマフィンの密輸" で、旅行者が 2664 豪ドルの罰金を支払う羽目になる」となっています。

ちなみに McMuffin「マックマフィン」は米ファストフード大手マクドナルドの「朝マック」の人気商品のひとつですね。

US House Speaker Nancy Pelosi Arrives in Taiwan

Despite stark warnings from China, Nancy Pelosi became the first US House Speaker to set foot in Taiwan in 25 years on Tuesday, elevating tensions between the two world superpowers.

Aug4,2022

CHECK! ▮▮▮▮▶

- [ ] **House Speaker** … 【米】下院議長
- [ ] **stark warnings** … 厳しい警告
- [ ] **set foot in** … 〜の地を踏む
- [ ] **elevate tensions** … 緊張を高める
- [ ] **superpower** [súːpərpauər] **(s)** … 超大国

≡ 訳出のポイント

- 米国連邦議会の「下院」は House of Representatives。ここから、the House とも呼ばれます。そして、speaker はもともと「話す人」「話し手」「演説者」「講演者」という名詞。米下院では「議長」を the Speaker と呼びます。したがって US House Speaker で「米下院議長」ということですね。

- elevate は「〜を高める」「〜（の程度）を上げる」「〜を上昇させる」という動詞。そこで、文末の elevating tensions between the two world superpowers の部分は「（ペロシ氏の台湾訪問が）世界の2つの超大国の間の緊張を高める」→「（ペロシ氏の台湾訪問で）世界の2つの超大国間で緊張が高まる」となるわけです。

「ナンシー・ペロシ米下院議長が台湾訪問」

ナンシー・ペロシ氏は火曜日、中国からの厳しい警告にもかかわらず、台湾の地を踏んだ。米の下院議長が台湾を訪問するのは25年ぶりで、世界の2つの超大国間で緊張が高まっている。

2022年8月4日

TODAY'S POINT
今日の
ポイント

「～の地を踏む」という表現
set foot in ～

set foot in ～は「～（場所）に足を踏み入れる」→「～の地を踏む」という表現。

[.] にはさまれた Nancy Pelosi became the first US House Speaker to set foot in Taiwan in 25 years on Tuesday の部分は「ナンシー・ペロシ氏は火曜日に、この25年で台湾の地を踏んだ最初の米下院議長となった」。

つまり、「ナンシー・ペロシ氏は火曜日に台湾の地を踏んだ。米の下院議長が台湾を訪問するのは25年ぶりである」ということですね。

Record Heavy Rain Hits Northeastern Japan

Northeastern Japan has been hit by heavy rain since Wednesday night, with emergency warnings issued for some areas in Yamagata and Niigata Prefectures to urge residents to evacuate.　　　　　　　　　Aug5,2022

CHECK! ▮▮▮▮▶

- ☐ **emergency warning(s)** … 緊急警報 → 大雨特別警報
- ☐ **issue** [íʃuː] …【動詞】（警報を）出す
- ☐ **urge（人）to V** …（人）に〜するよう勧告する
- ☐ **residents** [rézədənts] … 住民
- ☐ **evacuate** [ɪvǽkjuèit] … 避難する

☰　　　　　　　訳出のポイント

- heavy rain は「豪雨」「大雨」。record heavy rain で「記録的な豪雨」ということですね。

- emergency warning は「緊急警報」。日本の気象庁が用いている「特別警報」に当たる言い方です。emergency (heavy rain) warning で「大雨特別警報」の意味になります。今日の場合は、同一文の前ですでに heavy rain という表現が使われているので、繰り返しを避けるために（heavy rain）は省かれて with emergency warnings となっていますが、対訳では「大雨特別警報」と訳しています。

- urge はもともと「〜をせきたてる」「〜を駆り立てる」という動詞。urge（人）to V で「（人）が〜するよう説得（催促）する、強く迫る」「（人）に〜するように勧告（要請）する」。

≡　　　　　　　　対訳

「日本の北東部で記録的な豪雨」

日本の北東部が水曜日夜から豪雨に襲われている。山形県と新潟県の一部には大雨特別警報が出され、住民に避難勧告がされた。

2022 年 8 月 5 日

TODAY'S POINT
今日の
ポイント

英字新聞頻出の hit はどう使われるのか

英字新聞で頻出の【(災害) hit (場所)】という形は「(災害) が (場所) を襲う」→「(場所) が (災害) に見舞われる」「(場所) で (災害) が発生する」という言い方。

今日のタイトルでは (災害) = record heavy rain、(場所) = northeast Japan なので、「記録的な豪雨が日本北東部を襲う」→「日本北東部が記録の豪雨に見舞われる」となっていますね。

また、本文では受動態で用いられていますが、意味的には同じということです。

London Museum to Return 72 Artifacts to Nigeria

The Horniman Museum in south-east London said it would return 72 artifacts, looted in the 19th Century from the Kingdom of Benin, to Nigeria.　　　　　　　　　Aug10,2022

CHECK! ▐▐▐▶

- [ ] **return A to B** … A に B を返す
- [ ] **artifact** [ɑ́ːrtəfæ̀kt] **(s)** … （博物館の）収蔵品
- [ ] **the Horniman Museum** … 【英国】ホーニマン博物館
- [ ] **looted** [lúːtid] … 略奪された、盗品の
- [ ] **the Kingdom of Benin** … ベニン王国

≡　　　　　　　訳出のポイント

● タイトルの頭の部分では、不定冠詞 a が省かれているので、注意しましょう。つまり、(A) London museum で「ロンドン（にある）博物館（のひとつ）」ということです。

● return はもともと「戻る」「帰る」という動詞で、目的語をとって（他動詞として）物などを「戻す」「返す」という意味でもよく使われます。そこで return A to B で「A を B に戻す」「A を B に返す（返還する）」という言い方になっています。

● 本文の [,] にはさまれた looted in the 19th Century from the Kingdom of Benin の部分は、直前の 72 artifacts「（博物館の）収蔵品 72 点」にかかっています。loot はもともと「戦利品」「略奪品」「盗品」という名詞。ここから、戦争や暴動のときに「〜を略奪する」「〜を強奪する」という動詞としても使われます。したがって、この部分は「19 世紀にベニン王国から略奪された（収蔵 72 点）」となるわけです。

「ロンドンの博物館、収蔵品 72 点をナイジェリアに返還へ」

ロンドン南東部にあるホーニマン博物館が、19 世紀にベニン王国から略奪された同館の収蔵品 72 点をナイジェリアに返還する、と発表した。

2022 年 8 月 10 日

TODAY'S POINT
今日の
ポイント

加工物 artifact

artifact は自然物に対する「人工の物」「加工物」を指す名詞。道具、武器、工芸品などが含まれます。
museum artifacts だと「博物館（が所蔵する）（人工の）物」→「博物館の収蔵品」の意味になります。
今日の記事では、主語が museum「博物館」ですから、artifacts =「収蔵品」と訳すのが適切ですね。

Shohei Ohtani Achieves a Feat We Haven't Seen Since Babe Ruth

Los Angeles Angels two-way star Shohei Ohtani from Japan earned his 10th pitching win of the season on Tuesday, joining Babe Ruth as the only MLB players ever to record at least 10 home runs and 10 wins in the same season.

Aug12,2022

CHECK! ▌▌▌▌▶

- [ ] **achieve a feat** … 偉業を達成する
- [ ] **two-way star** … 二刀流のスター選手
- [ ] **earn one's _th pitching win** … 投手として__勝目を挙げる
- [ ] **join** [dʒɔ́in] …〜に加わる
- [ ] **record** [rékərd] …【動詞】〜を記録する

≡ 訳出のポイント

- pitching win は直訳すると「ピッチング勝利」「投球勝利」。earn one's _th pitching win で「__回目の投球勝利を獲得する」→「投手として__勝目を挙げる」となっています。
- 本文後半の joining... 以下はそのまま訳すと「同一シーズン中に少なくとも本塁打10本と10勝を記録したメジャーリーグ選手として唯一、ベーブ・ルースに加わった」。対訳では、この部分を第2文として独立させ、「同一シーズン中に2桁本塁打と2桁勝利を記録したメジャーリーグ選手は、ベーブ・ルース以外では大谷だけである」と意訳しています。

「大谷翔平、ベーブ・ルース以来の偉業達成」

日本出身でロサンゼルス・エンゼルスの二刀流スター選手・大谷翔平が火曜日、投手として今季10勝目を挙げた。同一シーズン中に2桁本塁打と2桁勝利を記録したメジャーリーグ選手は、ベーブ・ルース以外では大谷だけである。

2022年8月12日

今日の
ポイント

「偉業を達成する」をどう訳す?

feat の語源は「行為」「なされたこと」「功績」という意味のラテン語 factum。ここから「偉業」「功績」「きわだった行い」という名詞になっています。

そして、achieve が「〜を成し遂げる」「〜を完成する」「〜を達成する」という動詞なので、achieve a feat で「偉業を成し遂げる」「偉業を達成する」という言い方ですね。

そこで、今日のタイトルは直訳すると「大谷翔平が、我々がベーブ・ルース以降見なかった偉業を達成する」→「大谷翔平が、ベーブ・ルース以来の偉業を達成する」というわけです。

Survey: Over 100 Japan Lawmakers Had Links with Unification Church

At least 106 out of all the 712 lawmakers in Japan have had some connections with the Unification Church, a religious organization based in South Korea, according to a survey conducted by Kyodo News.　　　Aug15,2022

CHECK! ▌▌▌▌▶

- ☐ **survey** [sə́:rveɪ] … 調査、アンケート
- ☐ **lawmaker** [lɔ́:meikər] … 国会議員
- ☐ **have links with** … 〜とつながりがある
- ☐ **Unification Church** … 旧統一教会
- ☐ **have some connection with** … 〜と何らかの関係がある
- ☐ **religious organization** … 宗教団体
- ☐ **based in** … 〜を拠点とする
- ☐ **conduct** [kəndʌ́kt] … 〜を実施する
- ☐ **Kyodo News** … 共同通信

☰　　　　　　　　訳出のポイント

- link はもともと鎖の「輪」「環」を意味する名詞。ここから「結合させる人（もの）」→「連結」「つながり」という意味でも頻出です。have links with 〜 で「〜とつながりがある」。
- 同じように、本文で使われている connection は「接続」「連結」→「つながり」「関係」「交流」「接点」という名詞なので、have some connections with 〜で「〜と何らかのかかわりがある」「〜と何らかの接点がある」というわけですね。

「調査：日本の国会議員 100 人以上が旧統一教会と接点」

共同通信が行ったアンケートによると、日本の全国会議員 712 名中少なくとも 106 人が、韓国を拠点とする宗教団体の旧統一教会と何らかの接点を持ったことがあるという。

2022 年 8 月 15 日

TODAY'S POINT
今日の
ポイント

survey の語源は「調べる」

survey の語源は「調べる」という中期仏語 surveeir。ここから、景色などを「見渡す」「見晴らす」、状況や学問の分野などを「概観する」「概説する」、人、当局、機関などが（人口、世論、情勢などを）「調査する」「調べる」といった意味の動詞となっています。
「見渡すこと」「概観」「概説」あるいは「調査」「検査」「アンケート調査」という名詞としてもよく使われるので、確認しておきましょう。

Renowned Japanese Fashion Designer Hanae Mori Dies at 96

Pioneering Japanese fashion designer Hanae Mori, who cracked the elite world of Parisian haute couture in the 1970's, died at her home in Tokyo. She was 96.   Aug19,2022

CHECK! ▐▐▐▐▶

☐ **renowned** [rináund] … 有名な、高名な
☐ **pioneering** [pàɪəníərɪŋ] … 先駆的な、草分け的な
☐ **crack the elite world** エリートの世界に分け入る
☐ **Parisian haute couture** … パリのオートクチュール

☰ 　　　　　訳出のポイント

● pioneer の語源は「道を切り開く先発歩兵」を意味する古仏語 peon。ここから「開拓者」「草分け」という意味の名詞としてよく知られています。「〜を開拓する」あるいは「〜の（開発の）先がけとなる」という動詞にもなっています。そこで、pioneering は動詞 pioneer の現在分詞から派生した形容詞で、「先がけとなる」「先駆的な」「草分け的な」です。

● 動詞 crack は食器などを「割る」、卵や胡桃などを「割ってあける」「ヒビを入れる」の意。ここから、主に米国では障害や障壁などを「突破する」、希望している分野などに「割り入る」「分け入る」という意味合いでも使われます。

「著名な日本人ファッションデザイナー・森英恵さん死去、96 歳」

1970 年代にパリ・オートクチュールのエリート世界に割り入った、先駆的な日本人ファッションデザイナーの森英恵さんが、東京の自宅で死去した。96 歳だった。

2022 年 8 月 19 日

TODAY'S POINT
**今日の
ポイント**

名詞になった renown

renown は古くは「〜を有名にする」という動詞としても用いられましたが、現在は「名声」「有名」という名詞となっています。renowned は現在では使われなくなった動詞 renown の過去分詞が形容詞化し、そのまま残った語で「有名にされた」→「有名な」「著名な」という意味になっています。

Japanese PM Fumio Kishida Tests Positive for Covid-19

Japanese Prime Minister Fumio Kishida is infected with Covid-19, the government said on Sunday. He is recuperating at his official residence with mild symptoms.　　　Aug23,2022

CHECK! |||||▶

- [ ] **PM (Prime Minister)** …【日本】総理大臣
- [ ] **test positive for** … ～の検査で陽性と出る
- [ ] **(be) infected with** … ～に感染している
- [ ] **recuperate** [rik(j)úːpərèit] … 療養する
- [ ] **official residence** … 公邸
- [ ] **mild symptoms** … 軽い症状

☰　　　訳出のポイント

- test positive for ～は「～の検査で陽性と出る」「～の検査で陽性反応を示す」という言い方。感染症について使われることが多く、「～の検査で陽性が出る」→「～に感染している（と判明する）」という意味合いで用いられる表現ですね。

- recuperate は健康、力などを「回復する」「取り戻す」という動詞。損失などから「回復する」場合にも使われます。

- symptom は「症状」、mild symptoms で「軽い症状」になります。これらから、本文第2文は「彼（＝岸田総理）は軽い症状とともに、公邸で療養している」→「（岸田総理の）症状は軽く、公邸で療養している」というわけですね。

「日本の岸田文雄総理、新型コロナ陽性」

日本政府は日曜日、総理大臣の岸田文雄氏が新型コロナウイルスに感染したと発表した。症状は軽く、公邸で療養しているという。

2022 年 8 月 23 日

TODAY'S POINT
今日の
ポイント

「感染する」を英語で言うと

infect は「（病気が人に）伝染する」→「（人に病気を）うつす」という動詞。
ここから、受動態で「（病気を）うつされる」→「（うつされて）病気になる」→「感染する」という表現として使われることが多い単語となっています。
be infected with ～で「～に感染する」ということですね。

Princess Diana's Beloved Car Fetches £737,000 at Auction

A Ford Escort RS Turbo, driven by the late Princess Diana from 1985 to 1988, sold for £737,000 at auction on Saturday, just days before the 25th anniversary of her death.

Aug29,2022

CHECK! ▮▮▮▮▶

☐ **one's beloved car** … ～の愛車
☐ **fetch (=sell for) £_ at auction** … ～ポンドで落札される
☐ **late** [léit] … 故～
☐ **_th anniversary of one's death** … ～の没後＿周年

☰	訳出のポイント

● fetch £_ at auction および sell for £_ at auction は「競売で＿ポンドで売れる」→「（競売にかけられて）＿ポンドで落札される」という言い方ですね。

● anniversary「アニバーサリー」は「記念日」「～周年」という意味の名詞として、日本語にもずいぶん浸透してきました。wedding anniversary「結婚記念日」のように、おめでたいことを指して用いる印象が強いかもしれませんが、anniversary of one's death「～の命日」→ _th anniversary of one's death「～の没後＿周年（の命日）」「～の＿周忌」あるいは anniversary of the end of the war「終戦記念日」のように、おめでたいとは言えないできごとについても用いられます。今日の場合は just days before the 25th anniversary of her death「彼女（＝ダイアナ元妃）の 25 周忌のわずか数日前に」。

「ダイアナ元妃の愛車、73万7000ポンドで落札」

あと数日で故ダイアナ元英皇太子妃の25周忌を迎える土曜日、1985年から1988年に元妃が運転していた「フォード・エスコートRSターボ」が競売にかけられ、73万7000ポンド（約1億2000万円）で落札された。

2022年8月29日

TODAY'S POINT
今日の
ポイント

「最愛の」と訳す beloved

beloved は「最愛の」「愛しい」という形容詞。one's beloved car で「〜の大切な車」「〜が愛する車」→「〜の愛車」という言い方になります。

今日のタイトルでは Princess Diana's beloved car で「ダイアナ元妃の愛車」ということです。

ちなみに、日本ではチャールズ英皇太子の元配偶者ということで「元妃」と呼ぶのが定着していますが、離婚後も Princess と呼ぶことを英王室が承認していたこともあり、英語圏では、そのまま Princess Diana と称されています。

Japan Stock Market Slides on US Interest Rate Hike Concerns

The Japanese stock market fell on Monday after US Federal Reserve Chairman Jerome Powell said it would continue to raise interest rates to tame inflation.　　　Aug31,2022

CHECK! ▮▮▮▮▶

☐ **stock market** … 株式市場
☐ **slide** [sláid] **(=fall)** …（株価が）下落する
☐ **interest rate hike concerns** … 金利引き上げ（についての）懸念
☐ **Federal Reserve Chairman** …【米】連邦準備制度理事会議長
☐ **tame inflation** … インフレを抑制する

訳出のポイント

● interest rate は「金利」。interest rate hike で「金利の引き上げ」「利上げ」です。タイトルの on US interest rate hike concerns は「米国の利上げ（に関する）懸念で」。

● tame はもともと動物が「飼いならされた」「なれた」→「従順な」「素直な」という形容詞。動詞としても野生の動物を「飼いならす」、人、動物を「従順にする」、勇気、熱情などを「抑える」、色彩、調子、勢いなどを「和らげる」という意味で使われています。tame inflation は「インフレを和らげる」「インフレを抑制する」。

「日本の株式市場下落、米利上げ懸念で」

米連邦準備理事会のジェローム・パウエル議長が、イン
フレ抑制のために利上げを継続すると発言したのを受け、
月曜日の日本株式市場は下落した。

2022 年 8 月 31 日

TODAY'S POINT
今日の
ポイント

slide の英字新聞的な使われ方

slide はもともと氷の上などを「滑る」「滑るように（なめら
かに）進む」という動詞。
ここから「滑り落ちる」→「下落する」「減少する」という
意味でも使われます。
英字新聞では通貨、株価、価格などが「下がる」「下落す
る」という文脈でしばしば登場するので、確認しておきま
しょう。

あの記事をさらに深掘り!

● BTS が "活動休止" を発表（166 ページ）

2013 年に韓国でデビューし大きな支持を受けた BTS はその後世界に進出。2020 年英語シングル Dynamite が米ビルボードのシングルチャート 1 位を記録しました。環境や人種差別など社会問題について積極的に発言することでも知られ、国連本部でのスピーチ、そして米ホワイトハウスでのバイデン大統領との面会も話題になりました。6 月 14 日の発表は "BTS Army" と呼ばれるファンたちにとって、非常にショッキングであったことでしょう。ただ、所属事務所側は「活動休止ではなく、ソロ活動により専念する」意味だと述べている報道もあり、そのあたりグループと事務所との間でスタンスのズレがあるのかもしれませんね。また、韓国の青年にとっては兵役義務も避けて通れません。「韓国のアイドルシステムは人として成熟するための時間を与えてくれない」という RM の言葉にも、ファンには見せられなかった苦悩の重さを感じます。

●ロシア人ジャーナリストのノーベル賞メダル、1 億 350 万ドルで落札（172 ページ）

ロシアの独立系新聞「ノーバヤ・ガゼータ」の編集長でジャーナリストのドミトリー・ムラトフ氏が、自身のノーベル平和賞のメダルを米ニューヨークで競売にかけ、1 億 350 億ドル（約 140 億円）で落札されました。この売上金は全て、ロシアのウクライナ侵攻で国内外への避難を余儀なくされた子どもたちを支援するために、国連児童基金（ユニセフ）に寄付されるということです。露プーチン政権に臆せず調査報道を続ける「ノーバヤ・ガゼータ」を率いるムラトフ氏は、その「表現の自由を守る努力」が評価され、2021 年にノーベル平和賞を受賞。同紙はウクライナ侵攻への反対を紙面で表明していましたが、ロシア当局のメディア規制強化や警告を受けて、今年 3 月下旬に同国の軍事作戦終了まで報道を休止すると発表。所属ジャーナリストの一部

は欧州で活動を継続しているということです。

ノーベル賞はメダルそのものより、賞を授与されたことに大きな名誉・価値があるわけで、個人的には、他の人がもらったメダルを所有することにはほぼ価値はないように思います。落札者にしても、メダルが欲しいというより、最初から寄付が目的なのでしょうね……。

●日本の安倍晋三元首相、銃撃されて死亡（186 ページ）

7 月 10 日の参議院選挙を前に、応援演説を行っていた安倍晋三元首相が銃撃され、その後死去するという衝撃的な事件が起きました。元海上自衛隊員が、自作銃を用いて白昼堂々と国を代表する政治家を撃つという……。悪夢としか思えません。ご冥福をお祈りいたします。日本の総理大臣経験者が狙撃され死亡するのは戦後初めてのことです。それにしても……あんな原始的な自作銃で国の要人が背後から至近距離で撃たれるという事態を許してしまった日本……悲しい以上に情けないです。

●全英オープン、キャメロン・スミスが衝撃的なメジャー初V（190 ページ）

ゴルフの聖地、セント・アンドリュースで行われた第 150 回全英オープン。優勝したのはオーストラリアのキャメロン・スミスでした。首位のローリー・マキロイに 4 打差の 3 位でスタートし、8 バーディ、ボギーなしの 64 という圧巻のプレー。大会最多アンダーパーとなる通算 20 アンダーを記録し、見事なメジャー初優勝を飾りました。最近、メジャーの優勝争いに絡みまくっていたキャメロン・スミス、3 日目にスコアを伸ばせなかったですが最終日に爆発しましたね。マキロイはショットは良かったですがパットが入りませんでした。日本勢ではメジャー初挑戦の桂川が 5 アンダー 47 位タイとがんばりました。

September,2022

1	Last leader of Former Soviet Union Mikhail Gorbachev Dies
2	Toyota Makes Large Investment in EV Battery Production in U.S. and Japan
7	Liz Truss to Become New UK Prime Minister
8	Instagram fined 405M Euros over Teenagers'Data Protection
12	Charles Becomes King of England Following Death of Queen Elizabeth II
13	19-year-old Haruka Kawasaki Wins JLPGA Championship
15	French Cinema Maestro Jean-Luc Godard Dies at 91
16	Kadokawa Chair Arrested over Tokyo Olympics Bribery Scandal
21	Britain Holds State Funeral for Queen Elizabeth II
22	Japan's Average Residential Land Price Rises for 1st Time in 31 Years
30	Alice, First All-electric Passenger Aircraft, Takes Maiden Flight

2022年9月

1日	旧ソビエト連邦最後の指導者、ミハイル・ゴルバチョフ氏死去
2日	トヨタ、日米でEV電池生産に大規模投資
7日	英新首相にリズ・トラス氏
8日	インスタグラムに4億500万ユーロの罰金、 10代ユーザーのデータ保護めぐり
12日	英女王エリザベス2世崩御、チャールズ皇太子が新国王に
13日	19歳の川崎春花、女子プロゴルフ選手権優勝
15日	仏映画の巨匠、ジャン＝リュック・ゴダール監督が死去、91歳
16日	KADOKAWA会長を逮捕、東京五輪贈収賄事件めぐり
21日	英国で女王エリザベス2世の国葬
22日	日本、住宅地の基準地価が31年ぶりの上昇
30日	世界初の完全電動旅客機『アリス』が初飛行

Last leader of Former Soviet Union Mikhail Gorbachev Dies

Mikhail Gorbachev, the last leader of the former Soviet Union from 1985 until its dissolution in 1991, died at the age of 91. He won the 1990 Nobel Peace Prize for his role in ending the Cold War peacefully.　　Sep1,2022

CHECK! ▮▮▮▮▶

- [ ] **leader** [líːdər] … 指導者
- [ ] **(the) Soviet Union** … ソビエト連邦
- [ ] **dissolution** [dìsəlúːʃən] … 崩壊
- [ ] **Nobel Peace Prize** … ノーベル平和賞
- [ ] **role in** … 〜における役割
- [ ] **the Cold War** … （東西の）冷戦
- [ ] **peacefully** [píːsfəli] … 平和的に

☰　訳出のポイント

- dissolution は化学用語で「溶解」「融解」「分解」。契約などの「解消」「解約」議会、団体、組織などの「解散」、転じて婉曲的に「死滅」「消滅」といったニュアンスでも使われます。今日の記事では旧ソビエト連邦の「崩壊」を意味しています。

- 第 1 文前半 Mikhail Gorbachev, the last leader of the former Soviet Union from 1985 until its dissolution in 1991 は、直訳すると「1985 年から 1991 年の崩壊までの、旧ソビエト連邦最後の指導者ミハイル・ゴルバチョフ氏」。対訳ではわかりやすく自然な日本語にするために「1985 年から旧ソビエト連邦が崩壊した 1991 年まで書記長を務め、同連邦最後の指導者となったミハイル・ゴルバチョフ氏」としています。

「旧ソビエト連邦最後の指導者、ミハイル・ゴルバチョフ氏死去」

1985 年から旧ソビエト連邦が崩壊した 1991 年まで書記長を務め、同連邦最後の指導者となったミハイル・ゴルバチョフ氏が 91 歳で亡くなった。ゴルバチョフ氏は、東西冷戦の平和的終結における功績から、1990 年にはノーベル平和賞を受賞した。

2022 年 9 月 1 日

「役割」を意味する role

role は「役」「役柄」「役割」あるいは「役目」「任務」。role in ～で「～における役割」ということです。

したがって、本文第 2 文は「彼（＝ゴルバチョフ氏）は、東西冷戦を平和的に終結させることにおける役割のために、1990 年にノーベル平和賞を受賞した」→「ゴルバチョフ氏は、東西冷戦の平和的終結における役割を評価されて、1990 年にノーベル平和賞を受賞した」→「ゴルバチョフ氏は、東西冷戦の平和的終結におけるその功績から 19900 年にはノーベル平和賞を受賞した」となっています。

Toyota Makes Large Investment in EV Battery Production in U.S. and Japan

Toyota, the Japanese auto giant who has consistently dragged its feet on electric car implementation, announced that it is now investing $5.6 billion in the U.S. and Japan to boost production of EV batteries amid growing global demand for cleaner vehicles.   Sep2,2022

CHECK! ▐▐▐▐▶

- [ ] **make large investment in** … ～に大規模投資を行う
- [ ] **EV (=Electric Vehicle)** … 電気自動車
- [ ] **consistently** [kənsístəntli] … 一貫して
- [ ] **drag one's feet on** … ～に消極的である
- [ ] **implementation** [ìmpləməntéɪʃən] … 推進
- [ ] **boost production** … 生産を拡大する
- [ ] **amid growing global demand** … 世界的需要が高まる中で
- [ ] **cleaner vehicle(s)** … よりクリーンな車

☰ 訳出のポイント

● investment は「投資すること」「投資」「出資」。make a large investment で「大規模な投資を行う」という言い方に。

● 本文の [,] に挟まれた the Japanese auto giant who has consistently dragged its feet on electric car implementation の部分は、直前の Toyota を説明する文節であり、「電子自動車の推進に一貫して消極的であった日本の大手自動車メーカー（のトヨタ）」というわけですね。

「トヨタ、日米で EV 電池生産に大規模投資」

よりクリーンな自動車への世界的需要が高まる中で、これまで一貫して電気自動車の推進に消極的だった日本の大手自動車メーカーのトヨタが、米国と日本で電気自動車向けの電池増産に 56 億ドル（約 7300 億円）の投資をすることを発表した。

2022 年 9 月 2 日

TODAY'S POINT
今日の
ポイント

「ぐずぐずする」を英語で言うと

● drag one's feet は直訳すると「足を引きずる」「足を引きずって歩く」。

ここから、わざと、故意的に「ノロノロ（ぐずぐず、もたもた）する」→「すぐに腰を上げない」→「消極的である」という意味合いでも使われます。

そこで、drag one's feet on 〜 で「〜にぐずぐずする」→「〜に消極的である」という表現になっています。

Liz Truss to Become New UK Prime Minister

Liz Truss will succeed Boris Johnson as Britain's next prime minister after winning a leadership race for the governing Conservative Party on Monday.   Sep7,2022

CHECK! ||||▶

- [ ] **prime minister** … 【英】首相
- [ ] **succeed** [səksíːd] … 〜の後任となる
- [ ] **leadership race** … 指導者選挙 → 党首選
- [ ] **governing** [gʌ́vərnɪŋ] **(party)** … 与党
- [ ] **Conservative Party** …【英】保守党

≡ 　　　　　　　訳出のポイント

● UK は (the) United Kingdom の略で、「イギリス」「英国」を指していますね。正式名称は United Kingdom of Great Britain and Northern Ireland「グレート・ブリテンおよび北アイルランド連合王国」。しかし、日常的に用いるには長すぎるので前述の UK あるいは Britain と呼ぶのが通例となっています。日本語で「イギリス」「英国」を用いるのと同じです。

● prime minister は英国やカナダの「首相」日本の「内閣総理大臣」を意味します。PM と略されることも多いので、注意しましょう。

● race は「競争」「レース」。ここから、しばしば「選挙戦」「選挙」を指して用いられます。今日の場合は a leadership race for the governing Conservative Party なので「与党・保守党の（ための）指導者（を決める）選挙」→「与党・保守党の党首選」となっています。

「英新首相にリズ・トラス氏」

月曜日に行われた英国の与党・保守党の党首選でリズ・トラス氏が勝利し、ボリス・ジョンソン氏の後任として次期首相に就任する。 2022年9月7日

TODAY'S POINT
**今日の
ポイント**

「後任となる」と訳す succeed

動詞 succeed は「成功する」の意味で覚えている人が多いかもしれません。もともとは「〜の方へ行く」「後について行く」というラテン語 succedere を語源としていて、「〜の後をついていく」→「〜のあとを継ぐ」「後任となる」という意味になっています。

ここから、「努力の後についていく」→「努力の後に来る」→「成功する」という意味が生まれたと考えられます。

したがって、will succeed Boris Johnson as Britain's next prime minister の部分は「英国の次の首相としてボリス・ジョンソン氏の後任となる」→「ボリス・ジョンソン氏の後任として次期首相に就任する」というわけですね。

Instagram fined 405M Euros over Teenagers'Data Protection

Ireland's Data Protection Commission has decided to levy a hefty fine of 405 million euros against social network Instagram over its teenage users' data privacy. Sep8,2022

CHECK!

- ☐ **fine** [fáɪn] … 罰金（を科す） ☐ **data protection** … データ保護
- ☐ **Data Protection Commission** …【アイルランド】データ保護委員会 ☐ **decide** [dɪsáɪd] … 決定する
- ☐ **levy a hefty fine** … 巨額の罰金を科す
- ☐ **data privacy** … データ機密性

訳出のポイント

● fine といえば形容詞「素晴らしい」「よい」でおなじみですね。ただし、今日の記事の fine は、スペル、発音は同じでも別の単語なので注意しましょう。こちらの fine は「罰金」「科料」を意味する名詞です。「罰金を科する」「罰金に処する」という動詞としてもよく使われます。fine ～ $_ で「～に__ドルの罰金を科す」という形でおぼえておくといいかもしれません。今日のタイトルでは受動態になっており (be) fined 405M Euros で「4億500万ユーロの罰金を科される」ということですね。本文では levy a fine「罰金を科す」という表現の中で名詞 fine が使われています。levy a hefty fine of 405 million euros against social network Instagram の部分は「ソーシャル・ネットワークのインスタグラムに対して4億500万ユーロの巨額罰金を科す」となっています。

☰　　　　　　　　対訳

「インスタグラムに4億500万ユーロの罰金、10代ユーザーのデータ保護めぐり」

アイルランドのデータ保護委員会は、10代ユーザーのデータ機密性をめぐりソーシャル・ネットワークのインスタグラムに対して、4億500万ユーロ（約570億円）という巨額の罰金を科すことを決定した。

2022年9月8日

TODAY'S POINT
今日の
ポイント

「べらぼうに」を英語で言うと

hefty は主に会話で使われる形容詞で「ずっしりと重い」
→「高額の」という意味になります。
日本語の「べらぼうな」（＝べらぼうに高い）に近いニュアンスです。
したがって a hefty fine は「べらぼうに高い罰金」→「巨額の罰金」ということですね。

Charles Becomes King of England Following Death of Queen Elizabeth II

The former Prince Charles became the new monarch of England, King Charles III, after his mother Queen Elizabeth II died on Friday.

Sep12,2022

CHECK! ▮▮▮▮▶

- ☐ **following** [fɑ́:louɪŋ] … ～を受けて
- ☐ **Queen Elizabeth II** …【英国】女王エリザベス２世
- ☐ **former Prince Charles** … 元チャールズ皇太子
- ☐ **monarch** [mɑ́:nərk] … 君主
- ☐ **King Charles III** …【英国】国王チャールズ３世

≡　　　　　　訳出のポイント

- death は「死」「死亡」。今日のタイトルでは英国女王エリザベス２世の“死”を指しているので「崩御」と訳しています。

- monarch の語源は「単独の支配者」という意味のギリシャ語 monarchos。ここから「君主」「皇帝」を意味する名詞となっています。つまり、英国では king「国王」あるいは queen「女王」を指して使われる単語ですね。

- イギリスの女王エリザベス２世が９月８日、96歳で亡くなりました。そして、女王の崩御を受け、長男のチャールズ皇太子が国王チャールズ３世としてイギリスの新しい君主となったわけです。エリザベス２世は英国君主としては歴代最長の在位70年を迎えたところでした。ご冥福をお祈りいたします。

「英女王エリザベス2世崩御、チャールズ皇太子が新国王に」

母親である女王エリザベス2世が金曜日に死去したのを受け、チャールズ皇太子が国王チャールズ3世として英国の新しい君主となった。

2022年9月12日

TODAY'S POINT
今日の
ポイント

あえて訳さない former

●本文前半部分 The former Prince Charles became the new monarch of England, King Charles III, は、直訳すると「元皇太子チャールズ（＝かつてのチャールズ皇太子）が、英国の新しい君主・チャールズ3世となった」。

この記事が書かれた時点では、"チャールズ皇太子" はすでに存在せず "国王チャールズ3世" になっているので、英語では the former Prince Charles「元皇太子チャールズ」「かつてのチャールズ皇太子」と表現されているわけですね。

しかし、日本語では大変不自然な言い方になってしまうので、あえて former を訳出せず「チャールズ皇太子」としています。ここは、英語と日本語の表現方法の違いとして理解しておいてください。

19-year-old Haruka Kawasaki Wins JLPGA Championship

Nineteen-year-old Haruka Kawasaki won the JLPGA Championship on Sunday, claiming her first career victory on the Japan Tour. She also became the youngest winner of the tournament.

Sep13,2022

CHECK! ▐▐▐▶

☐ **JLPGA Championship** … 日本女子プロゴルフ選手権（大会）
☐ **claim one's first victory** … 初勝利を挙げる
☐ **tournament** [túə*r*nəmənt] … 大会

≡　　　　　　　　　訳出のポイント

● JLPGA は Japan Ladies Professional Golfer's Association「日本女子プロゴルフ協会」。日本の女子プロフェッショナルゴルフを総括する一般社団法人です。JLPGA Championship「日本女子プロゴルフ選手権大会」は、この JLPGA が主催する日本の女子プロゴルフツアーにおけるメジャー公式大会のひとつです。

● 本文第2文は直訳すると She also became the youngest winner of the tournament.「彼女はまた、その大会（＝女子プロゴルフ選手権大会）の最も若い優勝者となった」。つまり、「（今回の川崎の優勝は）大会史上最年少での優勝でもあった」。

● 昨年11月にプロテストに合格したルーキーの川崎春花が女子ゴルフの国内メジャー第2戦・日本女子プロ選手権で優勝。19歳133日という大会史上最年少優勝記録となりました。また、予選会で出場権を得ての優勝も大会史上初ということです。さらに、ツアー初Ⅴがルーキーイヤーでメジャーというのは史上初、とまさに記録づくめの勝利でした。

「19歳の川崎春花、女子プロゴルフ選手権優勝」

日曜日、19歳の川崎春花が日本女子プロゴルフ選手権で優勝し、日本ツアー初勝利を挙げた。また、大会史上最年少優勝でもあった。

2022年9月13日

TODAY'S POINT
今日のポイント

「通算●勝目」を英語で言うと

● career victory あるいは career win は、スポーツなどにおける「キャリアにおける勝利（優勝）」の意で、英字新聞では、one's _th career win「（キャリアにおける）通算＿勝目」という形でしばしば登場します。

今日の場合は claim her first career victory on the Japan Tour で「日本ツアー（のキャリア）における最初の勝利」→「日本ツアー（における）初勝利」となっています。

French Cinema Maestro Jean-Luc Godard Dies at 91

French film director Jean-Luc Godard who led the Nouvelle Vague, the movement that revolutionized cinema in the late 1950s and 60s, died. He was 91.　　　　Sep15,2022

CHECK! ▮▮▮▮▶

- [ ] **maestro** [máɪstroʊ] … （芸術などの）巨匠
- [ ] **film director** … 映画監督　　[ ] **lead** [líːd] … ～を主導する
- [ ] **Nouvelle Vague** …【仏語】ヌーベルバーグ（新しい波）
- [ ] **movement** [múːvmənt] … 動き、運動
- [ ] **revolutionize** [rèvəlúːʃənàɪz] … ～に革命（的変化）をもたらす
- [ ] **in the late _s** … __年代後半に

☰　　　　　　　　訳出のポイント

- Nouvelle Vague は仏語で、英語にすると New Wave。つまり「新しい波」の意。the Nouvelle Vague あるいは the New Wave というと、通常は 1950 年代後半から 60 年代にフランスで起きた伝統的な映画手法を脱却しようという動きのことを指します。日本語でも「ヌーベルバーグ」として浸透しているので、対訳でもこちらを採用しています。また、本文では、[,] にはさまれた the movement that revolutionized cinema in the late 1950s and 60s の部分で、直前の the Nouvelle Vague「ヌーベルバーグ」を「1950 年代後半および 60 年代に映画を革命的に変化させた運動」→「1950 年代後半および 60 年代にかけて映画に革命的変化をもたらした運動」と説明していますね。

- 「__年代」は英語では _s と数字の直後 s をつける形になります。1950s は「1950 年代」、1960s は「1960 年代」です。

「仏映画の巨匠、ジャン＝リュック・ゴダール監督が死去、91歳」

1950年代後半および60年代にかけて映画に革命的変化をもたらした運動「ヌーベルバーグ」を主導した、仏映画監督のジャン＝リュック・ゴダール氏が死去した。91歳だった。

2022年9月15日

TODAY'S POINT
**今日の
ポイント**

Maestro の訳し方

maestro はもともと「マエストロ」「大音楽家」を意味するイタリア語。ここから、「大音楽家」だけでなく芸術の「大家」「巨匠」、その道の「達人」「名人」といった意味でも使われる名詞となっています。

そこで、タイトルの French cinema maestro は「フランス映画界の巨匠」ということですね。

Kadokawa Chair Arrested over Tokyo Olympics Bribery Scandal

Tsuguhiko Kadokawa, the chairman of major Japanese publisher Kadokawa,was arrested Wednesday on suspicion of bribing a former member of the Tokyo Games organizing committee.

Sep16,2022

CHECK!

☐ **Chair** [tʃéər] **(=chairman)** … 会長
☐ **(be) arrested** [əréstɪd] … 逮捕される ☐ **bribery scandal** … 贈収賄事件、汚職 ☐ **publisher** [pʌ́blɪʃər] … 出版社
☐ **on suspicion of** … ～の疑いで ☐ **bribe** [bráɪb] … 【動詞】～に賄賂を贈る ☐ **Tokyo Games organizing committee** … 東京五輪大会組織委員会

訳出のポイント

● chair は「いす」を意味する名詞としておなじみですね。ここから「議長（会長）のいす」→「議長（会長）席」→「議長（会長）」という意味でも使われるようになったものです。chairman（chairwoman）も同義ですね。

● suspicion は「疑い」「疑念」「疑惑」という名詞。「容疑」「嫌疑」に当たる語としてもしばしば登場します。On suspicion of ～で「～の疑いで」「～の容疑（嫌疑）で」。

●「東京オリンピック」は Tokyo Olympics というのが一般的ですが、正式には Tokyo Olympic Games で、文脈から明らかな場合には、しばしば Tokyo Games のように略されます。今日の場合も Tokyo (Olympic) Games organizing committee で「東京五輪大会組織委員会」ということですね。

≡　　　　　　　　対訳

「KADOKAWA 会長を逮捕、東京五輪贈収賄事件めぐり」

日本の大手出版社 KADOKAWA の角川歴彦会長が水曜日、東京五輪大会組織委員会の元メンバーに対する贈賄の疑いで逮捕された。　　　　　　　2022 年 9 月 16 日

TODAY'S POINT
今日の
ポイント

「賄賂(わいろ)」を英語で言うと

bribe はもともと「賄賂」を意味する名詞。
ここから「〜に賄賂を贈る」「〜に贈賄する」という動詞としてもよく使われます。
また、この bribe に「…すること」という名詞をつくる接尾辞 -ery がついた bribery は「賄賂を贈る（受け取る）こと」→「贈（収）賄」「贈（収）賄行為」という名詞です。
そこで、今日のタイトルの Tokyo Olympics Bribery Scandal は「東京五輪贈収賄スキャンダル」「東京五輪贈収賄事件」というわけですね。

Britain Holds State Funeral for Queen Elizabeth II

With more than 2,000 guests, including some 500 foreign royals and world leaders, in attendance, the state funeral for Britain's Queen Elizabeth II, whose rule spanned seven decades, took place at Westminster Abbey in London on Monday.   Sep21,2022

CHECK! ▮▮▮▮▶

- ☐ **hold** [hóuld] … 〜を行う ☐ **state funeral** … 国葬
- ☐ **royals** [rɔ́iəlz] … 王族、皇族
- ☐ **world leaders** … 世界の首脳
- ☐ **in attendance** … 参列して ☐ **rule** [rú:l] …【名詞】治世
- ☐ **span _ decades** … __十年にわたる、およぶ
- ☐ **take place** … 行われる
- ☐ **Westminster Abbey** …【英国】ウェストミンスター寺院

≡   **訳出のポイント**

- funeral は「葬式」「告別式」「葬儀」。state funeral で「国葬」の意味になっています。
- 名詞 rule は「ルール」「規則」という意味でおなじみですが、「支配」「統治」「支配の期間」=「治世」という意味でもしばしば使われます。
- 9月8日に96歳で亡くなったイギリスのエリザベス女王の国葬が首都ロンドンで19日に行われました。国内外の要人2000人以上が参列し、"英国の顔"として歴代最長の70年間在位した女王を追悼しました。200近い国・地域から合わせて約500人の王皇族、首脳が参列したということです。

「英国で女王エリザベス2世の国葬」

各国の王皇族や世界の首脳ら約500人を含む来賓2000人
以上が参列する中、その治世が70年におよんだ英国の女
王エリザベス2世の国葬が、月曜日にロンドンのウェス
トミンスター寺院で行われた。

2022年9月21日

TODAY'S POINT
今日の
ポイント

with ～ in attendance
「～が参列する中で」

attendance は「出席」「出勤」「参列」を意味する名詞。in
attendance で「出席して」「参列して」という言い方です。
with ～ in attendance だと「～が参列している状態で」→
「～が参列する中で」という意味になります。
そこで、本文前半部分 With more than 2,000 guests,
including some 500 foreign royals and world leaders, in
attendance については「約500人の各国王皇族および世界
の首脳らを含む、2000人以上の招待客が参列する中で」→
「各国の王皇族や世界の首脳ら約500人を含む来賓2000人
以上が参列する中で」ということですね。

Japan's Average Residential Land Price Rises for 1st Time in 31 Years

The average price of residential land in Japan grew 0.1 percent from a year earlier, the first rise in 31 years, government data showed Tuesday.   Sep22,2022

CHECK! ▐▐▐▐▶

- [ ] **average residential land price** … 住宅地の基準地価
- [ ] **rise** [ráɪz] … 上昇（する）
- [ ] **grow _percent** … __%上昇する
- [ ] **from a year earlier** … 1 年前から → 前年比で

訳出のポイント

- residential land は「住宅地」。commercial land「商業地」と対で確認しておきましょう。そして land price は「地価」なので、residential land price で「住宅地の地価」ということです。また、average は「平均」「基準」「並み」を意味する名詞。したがって average residential land price で「住宅地の基準地価」となっています。本文では average price of residential land と言い換えられていますね。

- from a year earlier は直訳すると「1 年前から」。つまり「1 年前に比べると」→「前年比で」という言い方になっています。

- 本文末尾の government data showed Tuesday の部分は、そのまま訳すと「政府のデータが火曜日に示した」。対訳では、この部分を文頭に持っていき「政府が火曜日に発表したデータによると」と意訳しています。

「日本、住宅地の基準地価が 31 年ぶりの上昇」

政府が火曜日に発表したデータによると、日本国内の住宅地の基準地価が前年比で 0.1 パーセント上昇し、31 年ぶりのプラスとなった。

2022 年 9 月 22 日

今日のポイント

grow _% 「__%成長する」

grow はもともと人、動物、植物などが「成長する」「大きくなる」という動詞。
ここから「増える」「発展する」「発達する」という意味でもよく使われます。
grow _% で「__%成長する」「__%増える」「__%上昇する」という言い方になるわけです。

Alice, First All-electric Passenger Aircraft, Takes Maiden Flight

Israeli company Eviation Aircraft successfully completed the maiden flight of its world's first all-electric passenger airplane Alice on Tuesday.

Sep30,2022

CHECK! |||||▶

- [ ] **all-electric passenger aircraft** … 完全電動旅客機
- [ ] **take maiden (=first) flight** … 初飛行する
- [ ] **Israeli** [ɪzréɪli] … イスラエルの
- [ ] **successfully complete** … 〜を無事に終了する

≡　　　　　訳出のポイント

- all-electric は機器などが「全てが電気で動く」「完全電気式の」という形容詞。日本語で「オール電化住宅」と言いますが、これにあたる英語は all-electric home になります。今日の場合は all-electric passenger aircraft あるいは all-electric passenger airplane で「全電動旅客航空機」→「全電動旅客機」。

- Eviation Aircraft は米ワシントン州を拠点とするイスラエルの航空機メーカー。sustainable「持続可能な」完全電動近距離旅客機として9人乗りの Alice を開発。1回のフル充電で約 1050 キロの飛行が可能で巡航速度は時速 444 キロ。zero-emission「排ガスゼロ」で環境にやさしい上に、従来に比べて1回のフライトでコストを 90%削減できるそうです。

- Eviation のターゲットは、北米の短距離旅客輸送で、米マサチューセッツ州を拠点とする地方航空会社 Cape Air からすでに発注を受けています。

「世界初の完全電動旅客機『アリス』が初飛行」

イスラエル企業のエビエーション・エアクラフトが火曜日、同社が開発した世界初の完全電動旅客機『アリス』の初飛行に成功した。

2022 年 9 月 30 日

今日の
ポイント

動詞の前に置かれる successfully

successfully は「成功裏に」「うまく」「守備よく」「うまく」という副詞。

通例、動詞の前に置かれており、successfully 〜で「うまく〜する」→「〜することに成功する」と訳すことが可能な場合も多くなっています。

ここでは successfully completed the maiden flight で「初飛行をうまく完了した」→「初飛行に成功した」と訳しています。

October,2022

2022年10月

Antonio Inoki, Japanese Pro-wrestler and Politician Dies at 79

Antonio Inoki, a Japanese professional wrestling legend turned politician, widely known for his match with Muhammad Ali in 1976 and deep ties to North Korea, died on Saturday. He was 79.

Oct3,2022

CHECK! ▮▮▮▮▶

- [ ] **pro-wrestler** … プロレスラー
- [ ] **politician** [pə̀ːlətíʃən] … 政治家
- [ ] **professional wrestling legend** … プロレス界の伝説（的存在）
- [ ] **turned** [tə́ːrnd] … 転身した
- [ ] **(be) widely known for** … 〜で広く知られている
- [ ] **deep ties to** … 〜との深いつながり

☰ 訳出のポイント

- pro-wrestler は professional wrestler の略で「プロのレスラー」→「プロレスラー」。professional wrestling で「プロレスリング」「プロレス」になります。

- legend の語源は「読むべきもの」という意味の中世ラテン語 legenda.̇ ここから「伝説」「言い伝え」という意味で広く使われる名詞となっています。そして口語では「伝説化した話」「伝説的人物（存在）」という意味合いでも頻出です。そこで a Japanese professional wrestling legend は「日本のプロレス（界）の伝説的存在」ということですね。

「プロレスラー・政治家のアントニオ猪木氏が死去、79歳」

日本のプロレス界の伝説的存在で政治家に転身したアントニオ猪木さんが、土曜日に死去した。猪木さんは、1976年のモハメド・アリとの対戦、そして北朝鮮との深いつながりで広く知られた。79歳だった。

2022年10月3日

TODAY'S POINT
今日の
ポイント

「転身する」の turn

turn は「回転する」「方向を変える」「曲がる」などの意味でよく知られる基本動詞。「〜に変化する」「（変化して）〜になる」という意味でもしばしば登場します。

そして、"ある職業（地位など）から別の職業へ変化する"、つまり「転身する」にあたる単語にもなるので注意しましょう。そこで A turned B で「A から変化した B」「A から転身した B」という言い方になります。

ここでは a Japanese professional wrestling legend turned politician なので「日本のプロレス界の伝説的存在から転身した政治家」となっています。

また、[,] にはさまれた widely known for his match with Muhammad Ali in 1976 and deep ties to North Korea の部分は、その前の「日本のプロレス界の伝説的存在で政治家に転身したアントニオ猪木さん」を説明する文節ですね。

2022 Nobel Prize in Physiology/Medicine Awarded to Svante Paabo

Savante Paabo, a Swedish geneticist who introduced the method of DNA analysis into the field of anthropology and contributed to our understanding of the history of human evolution, won the 2022 Nobel Prize in Physiology or Medicine.　　　　Oct5,2022

CHECK! ▐▐▐▐▶

☐ **Nobel Prize in Physiology or Medicine** … ノーベル生理学・医学賞　☐ **(be) awarded to** …（賞を）〜に授与される

☐ **geneticist** [dʒənétəsɪst] … 遺伝学者

☐ **method of DNA analysis** … DNA解析の手法

☐ **field of anthropology** … 人類学の分野

☐ **contribute to** … 〜に貢献する

☐ **human evolution** … 人類の進化

☰　　　　　訳出のポイント

● 「〜を紹介する」という意味の動詞 introduce。文脈によっては「〜を導入する」「〜を取り入れる」という意味合いにもなります。本文では introduce A into B で「A を B に導入する」「A を B に取り入れる」。つまり introduced the method of DNA analysis into the field of anthropology の部分は「DNA解析の手法を人類学の分野に取り入れた」。

● contribute to 〜は「〜に貢献する」。そこで、contributed to our understanding of the history of human evolution の部分は「我々の人類の進化の歴史の理解に貢献した」→「我々が人類の進化の歴史を理解するのに貢献した」ということです。

「2022年ノーベル生理学・医学賞にスバンテ・ペーボ氏」

DNA解析の手法を人類学の分野に取り入れ、我々が人類の進化の歴史を理解するのに貢献したスウェーデンの遺伝学者、スバンテ・ペーボ氏が、2022年ノーベル生理学・医学賞を受賞した。

2022年10月5日

TODAY'S POINT
今日のポイント

動詞としての award

award は「賞」「賞品」「賞金」という意味の名詞としてよく知られていますが、もともとは「(賞として)～を与える」賞、メダルなどを(業績などに対して)「授与する」という動詞です。

英字新聞では、受動態の be awarded to ～「～に(賞が)与えられる」「～に授与される」という形として使われることが多いので、確認しておきましょう。

今日のタイトルは 2022 Nobel Prize in Physiology/Medicine (Is) Awarded to Svante Paabo「2022年ノーベル生理学・医学賞がスバンテ・ペーボ氏に授与される」となります。

Elon Musk's Twitter Acquisition Offer Is Back

Elon Musk has proposed to Twitter to move forward with the acquisition deal at the original price of $54.20 per share in his letter nearly five months after he had said he would exit the deal.

Oct7,2022

CHECK! ▶

- [ ] **acquisition offer** … 買収提案 [ ] **propose** [prəpóuz] … 〜を提案する [ ] **move forward with** … 〜を進める
- [ ] **original** [ərídʒənl] … 当初の、最初の
- [ ] **price of $_ per share** … 1株あたり__ドルの価格
- [ ] **exit the deal** … 取引を撤回する

≡ 訳出のポイント

- acquisition はもともと「獲得」「入手」「習得」を意味する名詞。英字新聞では会社などの「買収」を指す単語としても頻出です。acquisition offer で「買収提案」、acquisition deal だと「買収交渉」「買収取引」ということですね。

- back は「もとへ」「逆戻りして」「戻って」。そこで、タイトルの is back は「もとに戻っている」「もと通りになる」。すなわち、タイトル全体としては「イーロン・マスク氏のツイッター買収提案がもとに戻っている」→「イーロン・マスク氏がツイッター買収を再提案する」となっています。

- move forward は「前に向かって動く」→「前進する」という成句。move forward with 〜だと「〜とともに前進する」→「〜を進める」「〜を推進する」になり、計画などについて「前に進める」「前向きに取り組む」という意味。

「イーロン・マスク氏、ツイッター買収を再提案」

イーロン・マスク氏がツイッターに対して、合意当初の1株あたり54.2ドルで同社の買収契約を進めることを書簡で提案していた。マスク氏は、5ヶ月近く前に買収取引の撤回を表明していた。

2022年10月7日

exit the deal「取引を撤回する」

動詞 exit は「〜から出る」「〜から立ち去る」「〜から退場する」。
exit the deal で「取引から退場する」→「取引を撤回する」という言い方になっています。
したがって、本文末尾の nearly five months after he had said he would exit the deal の部分は「彼（＝マスク氏）が（買収）取引を撤回すると言った、ほぼ5ヶ月後に」ということですね。
対訳では、この部分を独立させて「マスク氏は、5ヶ月近く前に買収取引の撤回を表明していた」としています。

'Man-eater' Tiger That Killed Nine Shot Dead in India

Police shot dead a tiger that killed at least nine people in Bihar state, eastern India, on Sunday, in a major operation involving 200 people including trackers on elephants.　　Oct11,2022

CHECK! ▐▐▐▐▶

- [ ] **shoot dead** … ～を射殺する
- [ ] **Bihar state** …【インド】ビハール州
- [ ] **major operation** … 大規模な作戦
- [ ] **involve** [ɪnváːlv] … ～を巻き込む
- [ ] **including** [ɪnklúːdɪŋ] … ～を含む
- [ ] **trackers** [trǽkзrz] … 追跡者たち → 追跡チーム
- [ ] **on elephant(s)** … ゾウに乗って

≡　　　　　　　　　訳出のポイント

- man-eater は直訳すると「人を食べるもの」。「人喰い動物」、時には「人食い人種」を指して使われます。また、参考までに「男をもてあそぶ（食い物にする）女」「男好きの女性」というニュアンスのスラングにもなっています。

- 世界のトラの 70％以上がインドで生息すると言われています。インド東部ビハール州の Valmiki Tiger Reserve「ヴァルミキ・トラ保護区」は絶滅危惧種のベンガルトラ保護区に指定されていますが、近年は保護区内の個体数が増加し、人が住む周辺地域にも出没するようになっていました。『人喰いトラ』と呼ばれたこのベンガルトラは、今年 5 月以来少なくとも保護区近隣住民 9 人を殺害。9 日には 8 歳の男の子とその母親が犠牲になったことから、翌 10 日に 200 人規模の大規模作戦が実行されました。

「インド、犠牲者9人の『人喰いトラ』を射殺」

インド東部ビハール州で日曜日、少なくとも9人を殺害したトラが警察に射殺された。ゾウに乗った追跡チームを含む200人が参加する大規模な作戦だったという。

2022年10月11日

TODAY'S POINT
今日の
ポイント

さまざまな意味を持つ operation

operation は実にさまざまな意味で使われる名詞で、当てられる日本語訳も文脈によって多岐にわたります。ここでは、トラを射殺するための「作戦」と訳すのが適切でしょう。

in a major operation で「大規模な作戦で」「大規模な作戦において」というわけですね。

動詞 involve は「〜を必要とする」「〜を巻き込む」「〜を伴う」の意。in a major operation involving 200 people は「200人を伴う大規模な作戦で」→「200人が参加する大規模な作戦で」となっています。

on elephants は「ゾウの上で」→「ゾウに乗って」。

したがって、文末の including trackers on elephants の部分もあわせて訳すと「ゾウに乗った追跡チームを含む200人が参加する大規模な作戦において(警察がトラを射殺した)」ということですね。

Japanese Yen Hits 32-year Low against US Dollar

Japanese Finance Minister Shunichi Suzuki said the government will "take appropriate action" against currency volatility if needed after the yen hit a 32-year low against the US dollar.
                                        Oct17,2022

CHECK! ▐▐▐▶

- [ ] **hit a _-year low** … __年ぶりの安値をつける
- [ ] **Finance Minister** … 財務相
- [ ] **take an appropriate action** … 適切な対応をとる
- [ ] **currency volatility** … 過度な為替変動
- [ ] **if needed** … 必要に応じて

≡　　　　　　　　**訳出のポイント**

● take action は直訳すると「行動を起こす」。「措置を講じる」「対策をとる」という意味合いでよく使われる表現です。今日の場合は「適した」「適切な」「妥当な」appropriate をともない、take appropriate action で「適切な対応をとる」。

● volatility は液体や油の「揮発性」を意味する名詞。ここから、しばしば人、性格、市場、情勢などの「変わりやすいこと」「不安定さ」「変動性」を指す単語でもあります。そこで、currency volatility は「不安定な為替変動」「過度な為替変動」。

● if needed は「もし必要とされるならば」→「必要とあれば」「必要に応じて」。これらを踏まえると、the government will "take appropriate action" against currency volatility if needed の部分は「政府は、必要に応じて過度な為替変動に対して『適切な対応をとる』」ということですね。

≡ 対訳

「日本円、対ドルで 32 年ぶり安値」

日本円が対米ドルで 32 年ぶりの安値を更新したのを受け、日本の鈴木俊一財務相は、政府は必要に応じて過度な為替変動に対して『適切な対応をとる』と述べた。

2022 年 10 月 17 日

TODAY'S POINT
今日の
ポイント

hit a _-year low と
hit a _-month high

hit a _-year low「＿年ぶりの安値をつける」「過去＿年の最安値を更新する」という言い方は、ここのところの円安ニュースで頻繁に登場しています。

hit a _-month high「＿ヶ月ぶりの高値をつける」「過去＿ヶ月の最高値を更新する」など、応用もできるようにしておくといいですね。

Flying Car Company Joby Applies for Aircraft Type Certification in Japan

Joby Aviation Inc, a U.S. startup developing eVTOL said on Tuesday that it has applied to Japan's transport ministry for aircraft type certification.　　　　　　　Oct20,2022

CHECK! ▖▖▖▶

- [ ] **apply for** … ～（の取得）を申請する
- [ ] **type certification** …【航空】型式証明
- [ ] **startup** [stάrtλp] … スタートアップ（新興）企業
- [ ] **eVTOL** … 電動垂直離着陸機
- [ ] **Japan's transport ministry** …【日本】国土交通省

≡　　　　　　　訳出のポイント

- flying car「空飛ぶクルマ」と言いますが、そこには明確な定義はありません。一般的には「少人数の定員で自動車のように日常的に利用できる空中移動可能な乗り物」であり、「電動かつ垂直に離着陸する航空機」を指す場合が多いようです。

- 「垂直離着陸機」は vertical take-off and landing (aircraft) = VTOL で、読み方は「ブイトール」になります。「電動垂直離着陸機」は electric vertical take-off and landing (aircraft) = eVTOL「イーブイトール」と呼ばれています。記事に登場している Joby Aviation「ジョビー・アビエーション」は、eVTOL の開発を手がける 2009 年創業の米スタートアップ（新興）企業。トヨタ自動車も 2018 年に傘下ベンチャーを通じて資本参加、2020 年には出資をしています。

「空飛ぶクルマの『ジョビー』が日本で航空機型式証明申請」

電動垂直離着陸機の開発を手がける米新興企業、ジョビー・アビエーション社は火曜日、日本の国土交通省に航空機型式証明の取得を申請したことを発表した。

2022 年 10 月 20 日

TODAY'S POINT
今日の
ポイント

頻出単語 apply

apply は「適用する」「応用する」などの意味でも頻出の動詞ですね。

今日の場合は apply for 〜で仕事、許可、援助などを「求める」「申し込む」「志願する」という意味になっています。

apply for aircraft type certificate で「航空機型式証明（の取得）を申請する」ということですね。

Study: People Who Sleep under 5 Hours Have Higher Risk of Health Problems

People aged 50 and older who sleep five hours or less at night had a greater risk of chronic health problems according to a new UK study that tracked the health of about 8,000 participants over 25 years.

Oct 21, 2022

CHECK! ▝▝▝▶

☐ **(chronic) health problem** … （慢性的な）健康障害
☐ **people aged _ and older** … __歳以上の人たち
☐ **track** [trǽk] …【動詞】～を追跡する
☐ **participant(s)** [pɑːrtísəpənt] … 参加者

≡ 　　　　　　　　**訳出のポイント**

● risk は「危険（性）」「恐れ」。日本語でも「リスク」としても浸透していますね。high risk は「高いリスク」、great risk だと「大きいリスク」の意味になります。今日の記事では、どちらも比較級で使われていて、have a higher risk「より高いリスクを持つ」→「リスクがより高い」have a greater risk「より大きいリスクを持つ」→「リスクがより大きい」という言い方になっていますね。

● over _years は「__年にわたって」。文末の tracked the health of about 8,000 participants over 25 years の部分は「約8千の参加者の健康状態を25年以上にわたって追跡した（英国の新研究）」ということですね。

「研究：睡眠5時間以下の人、健康障害のリスク増加」

参加者約8千人の健康状態を25年以上にわたって追跡した英国の新研究によると、50歳以上で夜の睡眠時間が5時間以下の人は、慢性的な健康障害のリスクがより大きかったという。

2022年10月21日

TODAY'S POINT
今日の
ポイント

「＿歳以上の人たち」を英語で言うと

aged は「年をとった」「高齢の」という形容詞。
people aged ＿ and older で「＿歳とそれより年長の人たち」→「＿歳以上の人たち」という表現です。
そこで、本文冒頭の people aged 50 and older は「50歳以上の人（たち）」ですね。
その直後の who 以下 (people aged 50 and older) who sleep five hours or less at night も含めると「夜に5時間あるいはそれより少なく眠る（50歳以上の人）」→「50歳以上で夜の睡眠時間が5時間以下の人」というわけです。

Japanese Yen Plunges below 150 Mark against the U.S. Dollar

The Japanese yen tumbled to past the 150 mark against the U.S. dollar on Friday, hitting the lowest level since July 1990.   Oct24,2022

CHECK! ▮▮▮▮▶

- [ ] **plunge below _ mark** … __水準以下に急落する
- [ ] **tumble to** … ～に落ちる [ ] **past** [pǽst] … ～を超えて
- [ ] **hit the lowest level** … 最低水準を記録する

☰   訳出のポイント

- 株価や為替に関して、(the) _ markというと「__水準」→「__台」という意味合いになります。

- 動詞 tumble はもともと人が「倒れる」(つまづいて)「転ぶ」「転落する」の意。ここから、物価、株価などが「暴落する」「急落する」という意味合いでもしばしば用いられる語となっています。tumble to ～で「～に落ちる」「～に落ち込む」なので、tumbled to past the 150 mark against the U.S. dollar の部分は「米ドルに対して 150 円水準を超えて落ち込んだ」→「対米ドルで 150 円台まで下落した」。

- 21 日の外国為替市場では、円安・ドル高がさらに進み、一時は 1 ドル= 151 円台後半と 1990 年 7 月以来 32 年ぶりの円安水準を更新しました。日銀の金融政策決定会合を 27、28 日に控え、日米金融政策の方向性の違いが改めて意識され、円売り・ドル買いが膨らんでいます。予想はされていましたが、150 という具体的な数字は心理的な節目でもあり、円安の深刻さが痛感できるニュースでした。

「日本円、１ドル＝ 150 円台まで下落」

金曜日に日本円は対米ドルで 150 円台まで下落し、1990 年 7 月以来の円安水準となった。

2022 年 10 月 24 日

TODAY'S POINT
今日の
ポイント

株価が「急に下がる」

plunge の語源は「鉛」を意味するラテン語 plumbum で、「鉛（を落とすこと）で水深を測る」が原義。

ここから、水や低い場所などに急に「飛び込む」「突っ込む」という意味の動詞になっています。

英字新聞では、価格、株価などが「急に下がる」「急落する」という意味で、しばしば登場する単語です。

plunge below ＿ mark で「＿水準以下に急落する」「＿台まで下がる」という言い方になっています。

そこで、今日のタイトルは「日本円が対米ドルで 150 円水準以下に急落する」→「1 ドル＝ 150 円を超える円安になる」。ちなみに、mark は「印」「跡」、「目的」「目標」、あるいは「指標」「標識」など、さまざまな意味で使われる名詞ですね。ここでは、「水準」「標準」を表します。

Rishi Sunak Becomes UK's New PM

Rishi Sunak took over as Britain's new prime minister on Tuesday after his predecessor Liz Truss's resigned after just 44 days in office.

Oct27,2022

CHECK! ▐▐▐▶

- [ ] **take over as** … 〜として引き継ぐ
- [ ] **predecessor** [prédəsèsər] … 前任者、先任者
- [ ] **resign** [rɪzáɪn] … 辞任する　[ ] **in office** … 在任して→政権について

☰　訳出のポイント

- take over は職務などを「引き継ぐ」「取って代わる」という成句。take over as 〜で「〜として（あとを）引き継ぐ」「〜の任につく」という言い方になります。そこで、took over as Britain's new prime minister の部分は「イギリスの新首相としてあとを引き継いだ」→「(あとを引き継いで) イギリスの新しい首相に就任した」ということです。

- predecessor は仕事、地位における「前任者」「先任者」。successor「後任者」「後継者」とペアで押さえておきたいですね。

- 減税政策などで経済的混乱を招き 20 日に辞任を表明したトラス英首相。その後任を決める保守党の新党首に選出されたリシ・スナク氏が、25 日に新首相に就任しました。アフリカから移住したインド系の両親を持つスナク氏は、英国初のアジア系首相であり、また 42 歳 5 ヶ月での就任は、20 世紀以降最も若い英首相です。新首相は就任後初の演説で、記録的なインフレが続き、多くの国民が生活不安を抱える同国の経済状況の改善を最優先に取り組むことを約束しました。

「リシ・スナク氏、英新首相に就任」

リシ・スナク氏が火曜日、在任期間わずか 44 日で辞任した前任のリズ・トラス氏に続く、イギリスの新しい首相に就任した。

2022 年 10 月 27 日

TODAY'S POINT
今日の
ポイント

Office のもう一つの意味

「オフィス」「事務所」「営業所」「会社」といった意味の名詞でおなじみの office。ときに「地位」「職」を意味するので注意しましょう。

特に、英字新聞ではしばしば「官職」「公職」あるいは「政権」の意味で登場します。

そこで、(be) in office で「在任している」「在職している」という言い方ですが、今日の記事のように、首相、大統領などが「在任している」→「政権を握っている」場合によく使われる表現となっています。

したがって、本文後半の after his predecessor Liz Truss's resigned after just 44 days in office は「前任者のリズ・トラス氏が在任わずか 44 日で辞任した後で」ということですね。

At Least 154 Killed in Seoul Halloween Crowd Surge

At least 154 people were killed and 133 were injured in a stampede at packed Halloween festivities in Itaewon, a popular nightlife area in the South Korean capital of Seoul Saturday night.

Oct31,2022

CHECK! ▯▯▯▶

- [ ] **crowd surge** … 群衆が押し寄せること、群衆殺到
- [ ] **stampede** [stæmpíːd] …(群衆の殺到 による)将棋倒し
- [ ] **packed** [pǽkt] …(人が)密集した
- [ ] **Halloween festivities** … ハロウィンの祝典、祝い
- [ ] **Itaewon** …【韓国】梨泰院
- [ ] **nightlife area** … 夜の街、歓楽街   [ ] **capital** [kǽpətl] … 首都

≡ 訳出のポイント

- nightlife は「夜の社交生活」「夜の娯楽」「夜遊び」の意
  a popular nightlife area で「人気がある夜の娯楽の地域」→「歓楽街としてよく知られる地域」ということです。

- 韓国の首都ソウルの繁華街・梨泰院で、29日夜にハロウィンのために集まった多数の若者らが将棋倒しになり、154人が死亡するという悲惨な事故が起きました。梨泰院は、ナイトクラブやバーが立ち並び外国人も多く訪れる街。ハロウィンの時期には、日本の東京・渋谷などと同じように仮装した若者らでにぎわう地域です。今年は、新型コロナウイルス対策の規制解除を受けて3年ぶりに人波で大賑わいとなり、事故当時一帯には10万人以上が訪れていたとも伝えられています。

≡　　　　　　　　　対訳

「ソウル、ハロウィンで群衆殺到、少なくとも 154 人死亡」

土曜日夜、韓国の首都ソウルの歓楽街としてよく知られる梨泰院で、ハロウィンを祝う人たちが密集する中で将棋倒し事故が起き、少なくとも 154 人が死亡、133 人が負傷した。
　　　　　　　　　　　　　　　　　　　2022 年 10 月 31 日

TODAY'S POINT
今日の
ポイント

「集団暴走」を意味する英語

crowd は「群衆」「人混み」。surge は「波のように押し寄せること」→「殺到」なので crowd surge で「群衆が押し寄せること」→「群衆殺到」という意味。

また、stampede はもともとは、家畜などが驚いて一斉に「集団暴走すること」を意味する名詞。

ここから、人が「右往左往して逃げ惑うこと」「殺到」という意味合いでもしばしば使われます。

英字新聞でこの単語が登場するのは、ほとんどの場合、群衆が殺到して事故が起きた時、死傷者が出た時、すなわち、kill, injure などの動詞がともなうので、「群衆殺到の中で死亡した」→「群衆が将棋倒しになって死亡した」と訳すのが自然であり通例にもなっています。

November,2022

1	At Least 132 Killed in India Bridge Collapse
2	19-year-old Atthaya Thitikul Becomes World's No.1 in Women's Golf Ranking
4	North Korea Launches More Than 20 Missiles

2022年11月

1日	インドで橋崩落、少なくとも132人死亡
2日	19歳のアタヤ・ティティクル、女子ゴルフ世界ランク1位に
4日	北朝鮮、20発以上のミサイル発射

At Least 132 Killed in India Bridge Collapse

At least 132 people died after a suspension bridge for pedestrians collapsed in India's western state of Gujarat on Sunday while nearly 500 people were crossing.

Nov1,2022

CHECK! ▶

- [ ] **collapse** [kəlǽps] … 崩落（する）
- [ ] **suspension bridge** … つり橋
- [ ] **pedestrian(s)** [pədéstriən] … 歩行者
- [ ] **Gujarat** [gjùdʒərǽt] …【インド】グジャラート（州）
- [ ] **nearly** [níərli] … ほぼ〜、〜近い
- [ ] **cross** [krɔ́ːs] …（橋を）渡る

≡　訳出のポイント

- pedestrian の語源は「歩いて行くこと」という意味のラテン語 pedester。ここから車に乗っている人に対する「歩行者」を意味する名詞に。したがって a suspension bridge for pedestrians で「歩行者のためのつり橋」→「歩行者用のつり橋」。

- 動詞 cross は人や乗り物が、川などを「横ぎる」「横断する」「渡る」の意。cross a bridge で「橋を渡る」「橋を通行する」という言い方になります。本文末尾では while nearly 500 people were crossing (that bridge) と考えましょう。つまり「500 人近い人がその橋を渡っている間に（崩落した）」→「500人近い人が通行している橋が（崩落した）」ということですね。

「インドで橋崩落、少なくとも 132 人死亡」

インド西部のグジャラート州で日曜日、500 人近い人が通行していた歩行者用のつり橋が崩落し、少なくとも 132 人が死亡した。

2022 年 11 月 1 日

TODAY'S POINT
今日の
ポイント

動詞も名詞もよく使われる collapse

collapse は【col-（一緒に）＋ -lapse（落ちる）】という成り立ちの語。ここから、建物、足場、屋根などが「崩壊する」「崩落する」「くずれる」という動詞として広く使われています。英字新聞では、「崩壊」「倒壊」「崩落」という名詞としてもよく登場する単語となっています。そこで、タイトルの India bridge collapse では collapse は名詞で、「インドの橋崩落」ということですね。一方、本文では a suspension bridge for pedestrians collapsed「歩行者用のつり橋が崩落した」と、動詞として登場しています。

19-year-old Atthaya Thitikul Becomes World's No.1 in Women's Golf Ranking

Atthaya Thitikul has supplanted South Korea's Jin Youn Ko as the No. 1 female golf player in the world. The 19-year-old Thai became the second teen to reach the top spot, following Lydia Ko from New Zealand in 2015.

Nov2,2022

CHECK! ▌▌▌▶

- [ ] **supplant** [səplǽnt] … ～に取って代わる
- [ ] **Thai** [tái] … タイ人
- [ ] **teen** [tí:n] … 10代の若者、ティーンエイジャー
- [ ] **reach the top spot** … 最高位に届く → 首位になる
- [ ] **following** [fá:louiŋ] … ～に続いて

☰ 訳出のポイント

- 名詞 teen は teenager と同意。主に米国で「10代の若者（少年・少女）」を指して用います。
- 本文全体を訳すと「アタヤ・ティティクルが韓国のコ・ジンヨンを抜いて、女子ゴルフの世界ランキング1位となった。その19歳のタイ人は、2015年のニュージーランド出身のリディア・コに続き、最上位に届く2番目の10代となった」。→「19歳でタイ出身のアタヤ・ティティクルが韓国のコ・ジンヨンを抜いて、女子ゴルフの世界ランキング1位となった。10代でトップの座につくのは、2015年のリディア・コ（ニュージーランド）に続き、史上2人目である」という対訳になります。

「19歳のアタヤ・ティティクル、女子ゴルフ世界ランク1位に」

19歳でタイ出身のアタヤ・ティティクルが韓国のコ・ジンヨンを抜いて、女子ゴルフの世界ランキング1位となった。10代でトップの座につくのは、2015年のリディア・コ（ニュージーランド）に続き、史上2人目である。

2022年11月2日

TODAY'S POINT

今日の
ポイント

「取って代わる」を英語で言うと

supplant の語源は「転覆させる」というラテン語 supplantare。

ここから「〜を転覆させる」→「〜に取って代わる」「〜の後釜に座る」という意味の動詞になっています。そこで、今日の本文第1文は「アタヤ・ティティクルが、世界で1位の女子ゴルフ選手として、韓国のコ・ジンヨンに取って代わった」→「アタヤ・ティティクルが韓国のコ・ジンヨンを抜いて、女子ゴルフの世界ランキング1位となった」ということですね。

North Korea Launches More Than 20 Missiles

North Korea launched more than twenty ballistic missiles on Wednesday, a record that clearly marked the recent escalation of tensions on the Peninsula.　　　　　Nov4,2022

CHECK! ▌▌▌▶

- ☐ **launch _ (ballistic) missiles** … __発の（弾道）ミサイルを発射する
- ☐ **record** [rékərd] …【名詞】記録 → 最多記録
- ☐ **clearly mark** … 〜を明らかに示す
- ☐ **escalation of tensions** … 緊張の高まり
- ☐ **the (Korean) Peninsula** … 朝鮮半島

≡　　　　　　　　　**訳出のポイント**

- 名詞 record は「記録」の意。特に「最高記録」「最多記録」という意味合いでしばしば用いるので注意しましょう。ここでは、a record が本文前半の more than twenty ballistic missiles「20発以上の弾道ミサイル」を受けて、「これまでの最多記録（＝20発以上の弾道ミサイル発射）」となっています。
- 「跡」「印」「マーク」といった意味の名詞としておなじみの mark は「跡（印）をつける」→「〜の印となる」→「〜を示す」という動詞でもあります。clearly は「明らかに」「明白に」という副詞なので、clearly mark 〜で「〜を明らかに示す」「〜を明白に表す」。これらの点を踏まえると、a record 以下の後半部分は、「（20発以上の弾道ミサイル発射という）最多記録が朝鮮半島における最近の緊張の高まりを明白に示した」。

「北朝鮮、20発以上のミサイル発射」

北朝鮮は水曜日、過去最多となる20発以上の弾道ミサイルを発射した。最近の朝鮮半島における緊張の高まりが明白に示された形だ。

2022年11月4日

TODAY'S POINT
今日の
ポイント

英字新聞頻出単語 launch の 2 つの意味

launch はもともと事業などを「始める」「開始する」という動詞。英字新聞では新製品などを「発売する」という意味で使われることも多いですね。また、同時にロケットを「打ち上げる」ミサイルを「発射する」という意味でも頻出。これらの使い方は、あわせて再確認しておきたいところです。そして、今日の場合は launch _ missiles で「__ 発のミサイルを発射する」という言い方になっています。

あの記事をさらに深掘り！

●トヨタ、日米で EV 電池生産に大規模投資（232 ページ）

これまで消極的だったトヨタ自動車が、電気自動車（EV）向けの電池
生産へ本格的に動き出しました。同社は 8 月 31 日、日本と米国で電
池増産のために最大 7300 億円（約 56 億ドル）投資することを発表。
先ごろ、ホンダ自動車が米国で電池生産のため大型工場の建設を決め
るなど、EV 生産に向けた巨額投資が相次いでいます。EV への移行が
急速に進む米国を中心に、主用部品である電池を自前で生産・確保し
ようという大手自動車各社の競争が激化しそうですね。

●仏映画の巨匠、ジャン＝リュック・ゴダール監督が死去、91 歳（242 ページ）

1960 年公開の『勝手にしやがれ』のほか、『気狂いピエロ』など数々
の作品を手がけ、その作風が世界の映画人に多大な影響を与えたゴダ
ール監督。その後、紆余曲折も経ながら、近年も映画制作に携わり
2014 年には『さらば、愛の言葉よ』でカンヌ映画祭の審査員賞特別
賞を受賞しています。複数の報道によると、91 歳のゴダール氏は、一
定の条件のもとで望む人に医師が致死薬物を処方することが許されて
いるスイスでいわゆる「安楽死」euthanasia を選んだということで
す。大学の頃、シネ研にも入っていた私が最も影響を受けた監督の一
人です。彼の評論、映画論なんてまるで鋭利な刃物の上を歩いている
ような感覚を覚えたものです。
個人的には『マリア』と『探偵』が好きでした。合掌。

●研究：睡眠 5 時間以下の人、健康障害のリスク増加（266 ページ）

医学サイト「PLOS Medicine」に 10 月 18 日付で掲載されたこの研
究では、イギリスの civil servant「公務員」約 8 千人の健康状態と睡
眠を 25 年にわたって追跡調査しました。その結果、50 歳前後で睡眠
時間が 5 時間以下の人は、7 時間の人に比べて糖尿病やがん、心臓病

などの慢性疾患にかかるリスクが30%高くなっていました。また、50歳の時点で睡眠時間が短かった人は、調査期間中に死亡するリスクがより高かった、ということです。これまでも、十分な睡眠時間が健康に影響することは言われてきましたが、その理由は科学的には解明されていません。また、今回の研究結果では睡眠時間が5時間を切ると慢性疾患のリスクが高まることが示されましたが、この5時間が意味するところも今のところ不明といいます。ちなみに、現在、専門家が推奨している睡眠時間は7〜8時間だということです。

確かに睡眠時間が5時間切ると翌日は疲れが残っていたり、イマイチのような気がします。それを続けていたら、慢性疾患にかかりやすい……というのもわかる気がします。私は昨日は22時就寝、5時起床、7時間でした（^^;

●北朝鮮、20発以上のミサイル発射（280ページ）

韓国軍参謀本部によると、北朝鮮は11月2日朝から夕方までにミサイル計20発余りを発射したと明らかにしました。これまでに北朝鮮が1日に発射した弾道ミサイルの数は今年6月5日の8発が最多でした。それをはるかに上回る20発以上を同日に発射した今回は、核使用を念頭に置いた訓練を行った可能性もあるということです。

北朝鮮＝何をしでかすかわからない……。ウクライナ情勢でプーチンのcrazyぶりが世界の耳目を集める中、「crazyなのはプーチンだけじゃない、俺はさらにcrazyだぞ！」と叫ぶ金正恩の姿が目に浮かんだりもします。ウクライナ戦争だけでたくさんなのに、北朝鮮がこれ以上暴れ出したりしないことを切に願います。

INDEX

CHECK！欄に出てくる単語をアルファベット順に並べました。
数字は、単語が出てくるページです。
学習のまとめ、単語の総整理などにお使いください、

t

H

I

祥伝社黄金文庫

1日1分！ 英字新聞 2023年版
話題のニュースで楽しく学ぶ

令和4年12月20日　初版第1刷発行
令和5年3月10日　　　第4刷発行

著　者　石田　健

発行者　辻　浩明

発行所　祥伝社

〒101−8701
東京都千代田区神田神保町3−3
電話　03（3265）2084（編集部）
電話　03（3265）2081（販売部）
電話　03（3265）3622（業務部）
www.shodensha.co.jp

印刷所　堀内印刷

製本所　ナショナル製本

Printed in Japan　ⓒ 2022, Ken Ishida　ISBN978-4-396-31834-5 C0182

音声ダウンロードについて

英文が無料で聴けます

1 本書の英文記事は、下記サイトからダウンロードできます。
www.shodensha.co.jp (祥伝社のサイトです)
2 サイトの左下に「音声ダウンロード」という小さなバナーがあります。
3 そこをクリックしていただくと、本書のページが出てきます。
4 そこから音声ファイルをダウンロードしてください。

アプリについて

スマートフォンのアプリから全ての英文を無料で聞くことができます。
また、有料コンテンツとして本書の内容をアプリから読むこともできます。
現在、abceedと堀内印刷の2社がアプリを提供しています。

abceed

1 QRコード読み取りアプリを起動し、下のQRコードを読み取ってください。
QRコードが読み取れない方はブラウザから、https://www.abceed.com/にアクセスしてください。
2 「石田健」で検索してください。
3 石田健先生の著作リストが出てきます。その中に本書もありますので、音声をダウンロードしてください。有料のコンテンツもあります。

堀内印刷

1 ご利用いただく際はAppStoreまたはGoogle Playストアで「1日1分 英字新聞」と検索し、アプリをインストールしてください。以下のQRコードから各ストアのアプリページにいくこともできます。
2 本アプリは2022年12月8日現在「2022年版」であり、2023年1月頃に2023年版にアップデート予定です。

AppStore用　　Google Play
　　　　　　　ストア用

〈ご注意〉
・ 音声ファイルの無料ダウンロードサービスは、予告なく中止される場合がございますので、ご了承ください。
・ アプリへのお問い合わせはそれぞれの会社にお願いします。
・ このページの情報は2022年12月現在のものです。